나는 더 이상 착하게만 살지 않기로 했다

매일매일 상처받는 당신을 위한 아들러의 감정수업

나는 더 이상 착하게만 살지 않기로 했다

이와이 도시노리 지음
김윤수 옮김

다산 3.0

"우리가 100% 진실하게 대할 수 있는 사람은 오직 우리 자신뿐"

– 도미니크 로로

"회사에 ○○ 씨가 너무너무 싫어요. 쟤 때문에라도 회사를 옮겨야겠어요!"

"왜 제 주변엔 상대에게 상처 주는 사람이 이리도 많을까요?"

"왜 착한 사람은 자꾸 무시당하는 걸까요?"

30년이나 상담을 하다 보면 이런 고민을 유난히 많이 듣는다. 이런 사람들에게 아들러 심리학은 상당히 유용하다. '모든 고민은 인간관계에서 비롯된다'는 것이 아들러 심리학의 뿌리이기 때문에 사람 때문에 상처받는 현대인들에게 특히 큰 힘이 되어주곤 한다. 실제로 상담을 통해 수많은 사람을 만나면서 그 효과를 직접 목격할 수 있었다.

이 책『나는 더 이상 착하게만 살지 않기로 했다』(원제 : 인간관계가 편해지는 아들러의 가르침)는 타이틀에서 모든 내용을 명확하게 밝히고 있다. 우선 다음 사항을 '인간관계에 대한 사고'의 밑바탕으로 제시한다.

1. 인간관계는 자신의 힘으로 바꿀 수 있다(제1장)

2. 인간관계를 바꾸려면 '용기'부터 갖는다(제2장)

3. 인간관계를 악화시키지 않으려면 '감정' 조절이 필요하다
(제3장)

그리고 한층 실천적인 사항으로 다음을 제안한다.

4. 사람과의 거리를 좁히는 아들러 심리학 방식의 커뮤니케이션(제4장)

5. 습관으로 인간관계를 바꾸는 비결(제5장)

이렇게 독자들에게 '인간관계가 편해지는 방법'을 제공

하는 것을 목표로 하였다.

이 책은 '용기와 희망의 사도'라 불리는 알프레드 아들러 (1870~1937)의 이론을 바탕으로 하고 있으며, 후에 아들러 심리학을 발전시킨 내용도 가미하였고, 나아가 아들러 심리학을 전파해온 나 자신의 상담사, 상담 지도자의 체험이 뒷받침된 실천방법을 풍부하게 담고 있다. 그래서 '이론은 좋지만 실천은 어렵다'고 느낄 내용은 전혀 없고, '아주 작은 용기로 조금만 노력하면 가능할 것 같다'는 사항들로 가득 차 있다.

이 책에 쓰인 내용은 아들러 심리학답게 아주 간단하다.

자신을 속이면서까지 싫은 사람과 친해질 필요는 없다. 자신을 피하려는 사람에게 억지로 다가가려는 노력은 아무런 득이 안 된다. 인간관계에 최선이란 없다. 대신에 이런 메시지를 말하고 있다.

"싫은 사람이 있다는 사실을 받아들이자. 남이 나를 멀리할 수 있다. 인간관계가 뜻대로 안 될 때도 있다. 누구나 인간관계에 호불호가 있는 건 당연한 일이다. 나와 성격이 잘 맞는 사람도 있고, 안 맞는 사람도 있다. 어쩔 수 없는 일이다. 그러나 최선은 아니지만 더 나은 선택을 하고, 때로는 업무라는 생각으로 협력만 할 수 있다면 자신과 주변에 피해를 주는 일은 없다. 인간관계에 '건설적-비건설적' 기준을 세운다면 건설적 범위에 속하게 노력하면 된다."

어떤가? 이처럼 생각하고 실천한다면 당신의 인간관계가 아주 편해지고 인생이 변화하지 않을까? 다시 한 번 반복한다. 이 책은 '인간관계가 편해지는 방법'을 독자들에게 제공한다. 읽는 것에 그치지 말고, 읽은 후 꼭 실천에 옮겨보길 바란다. 분명 인간관계에 변화가 생기고 나아가 당신의 인생이 변화하는 계기가 될 것이다.

2015년 8월

이와이 도시노리

2장 인간관계를 망치는 여섯 개의 단어

3장 모든 감정은 '목적'에서 생겨난다

5장 나는 더 이상 착하게만 살지 않기로 했다

1장

마음은 가끔 거짓말을 한다

인간관계를 구성하는
네 가지 기본요소

우리를 고민에 빠뜨리는 인간관계는 다음 네 가지 요소로
성립된다.

1. 자기 자신 ─ 자신을 어떻게 파악하고 있는가

2. 상대 ─ 상대가 자신을 어떻게 받아들이고 있는가

3. 관계 ─ 예를 들면 직장에서 상사와 부하, 선배와 후배라는 관계

4. 환경 ─ 직장과 학교 등의 생활환경

괴로운 인간관계를 해소하고 싶으면 우리는 이 네 가지
요소 중 한 가지를 바꿔야 한다. 그렇다면 이 요소 중에서

가장 바꾸기 수월한 것은 무엇일까? 먼저 자신의 의사로 바꾸기 어려운 것부터 살펴보자.

인간관계를 개선하고 싶은 사람들은 대부분 가장 먼저 '상대방'이 바뀌기를 원한다. 이는 '상대방이 자신을 어떻게 보는가, 어떻게 대하는가'와 관련이 있다. "그는 자기주장만 하고, 다른 사람을 생각하지 않는다.", "부장님은 늘 명령만 하고, 잡일을 떠넘긴다." 등등 그런 상황을 해결하기 위해 '상대방이 나쁘다'고 생각하게 된다. 사람들은 대부분 어떡하든 상대방 마음을 바꾸고 싶어 한다.

예를 들어보자. 당신은 일요일에 친구들과 약속이 있는데, 당신의 상사가 갑자기 휴일에 출근할 것을 명령했다고 가정해보자. 하지만 당신은 상사의 지시를 거스르지 못한다. 사실은 일요일에 출근하고 싶지 않지만, 마지못해 복종을 하고 상사를 미워하는 마이너스 감정만 키운다. 여기서 상대측인 상사의 마음을 바꾸기란 거의 불가능에 가깝다.

'상사가 너무 강압적이라 마음에 안 들어. 저 성격 좀 안 바뀌려나?'

그런 생각을 해도 업무상의 상하관계 때문에 상사의 마음이나 성격이 쉽게 변하진 않는다.

다음으로 '환경'도 바꾸기 어렵다. 기본적으로 직장에 이동을 신청하거나 전직을 하면 환경을 바꿀 수는 있지만, 매번 그렇게 하기는 어렵다. 더욱이 이동을 한다고 해서 원하던 환경으로 이동한다는 보장도 없다. 자신의 의사로 바꿀 수는 있지만, 바뀐 결과가 자신의 뜻대로 되지 않는 것이 바로 환경이다.

그에 비해 '관계'는 바꾸는 것이 더 수월하긴 하다. 상사가 마음대로 부리는 것이 싫으면, "죄송하지만, 이번 일요일은 출근할 수 없습니다."라고 딱 잘라 거절하면 된다. 상사와 부하라는 관계를 그만두는 것이 아니라, 상대방과의 복종관계를 그만둠으로써 인간관계의 괴로움을 해소하는 방법이다. 그렇지만 말을 꺼내기 어렵고 이 또한 쉬운 방법은 아니다.

그렇다면 가장 바꾸기 쉬운 것은 무엇일까?
바로 '자기 자신'이다.

자기 자신이라면 자신의 의사에 따라 원하는 대로 바꿀 수 있기 때문이다. 자신의 마음가짐을 조금이라도 바꾸는

것이 가장 쉬우면서 인간관계를 크게 변화시키는 수단이
된다.

　그래서 아들러가 가장 중요하다고 강조한 것이 바로 '자
신의 행동은 자기 자신이 결정한다'는 '자기 결정성'이다.
어떠한 동일한 상황, 어떠한 상대든 간에 우선 자신은 '이
제 어떻게 하고 싶은지'를 선택할 수 있다. 상대방, 관계, 환
경을 바꾸지는 못해도 자신만큼은 스스로의 힘으로 변화
시킬 수 있는 것이다.

　그리고 자신을 바꿈으로써 막혀 있던 인간관계도 변하
게 만든다. 자신의 마음을 바꾸는 방법에 대해서는 이 책에
서 상세히 밝힐 예정이기 때문에 이 장에서는 우선 자신을
변화시키는 것이 가장 효과적이라는 점만 이해해주길 바
란다.

싫다는 의식은
기억에서 생겨난다

상담을 하다 보면 '싫은 사람이 있다'는 고민을 자주 듣는다. 한 여성을 상담했을 때의 이야기다. 그녀 또한 어떤 사람이 싫어서 고민하고 있었다.

"저는 위압적인 사람이 싫어요."

그녀에게 나는 다음 질문을 던졌다.

"위압적인 사람의 어떤 면이 싫죠?"

그러자 그녀는 학창 시절에 아주 엄했던 선생님에 대한 기억을 떠올렸다. 그 선생님이 위압적인 태도로 여러 차례 자신을 꾸중하던 모습이 강렬하게 남아서 그 선생님과 비슷한 타입의 사람을 보면 거부반응이 나온다는 것이다.

이처럼 사람은 누군가를 만나면 자신의 경험을 바탕으로 순식간에 상대를 판단한다.

'이 사람은 싫어하던 선생님과 닮아서 별로 엮이고 싶지 않아.' 이렇게 과거의 경험이나 지식에 따라 사람에 대한 호불호가 거의 결정된다.

마음속에 분류 상자가 있어서 늘 무의식중에 '싫다', '좋다', '보통이다', 이렇게 세 개의 상자로 나누는 작업을 하는 것이다.

아들러 심리학에서는 그러한 주관적인 관점을 '인지론(認知論)'이라는 말로 설명한다. 인지론이란, '같은 것을 보거나 들어도 그것을 받아들이는 방법은 사람마다 커다란 차이가 있다'는 사고방식이다. 그렇기 때문에 우리는 설령 같은 사람을 만나도 '저 사람은 느낌이 좋아.'라고 생각하는 사람이 있는 반면, '저 사람은 싫어.'라고 생각하는 사람도 있다. 즉, 항상 자신만의 주관적인 잣대로 사물을 분류한다는 의미다.

그렇기 때문에 어떤 사람을 한순간에 '싫다'라는 상자에

넣으면 의식하지 않는 이상 다른 상자에 새로 옮겨 넣지 못한다. 그러면 싫은 사람은 언제까지나 싫어하게 된다. 그러한 행동과 사고 유형을 '생활양식(life style)'이라고 한다.

싫은 사람이 좀 있으면
어때요

그리고 자신이 누군가를 싫다고 여기면, 상대방에게도 경계심이 전달되어서 상대방도 나를 싫어할 수 있다. 그러면 별다른 문제도 없는데, 왠지 서로 잘 안 맞게 된다. 한편, 자신은 상대방을 싫어하는데도 상대방은 자신에게 호감을 갖는 경우도 있다.

'예전에 좋아했던 사람과 닮았다.'

'친한 친구와 아주 많이 닮았다.'

그런 이유로 스스럼없이 다가오기도 한다. 그렇게 해서 자신의 싫다는 생각이 바뀌면 다행이지만, 오히려 상대방의 호감을 불쾌해하거나 진절머리를 낼 수도 있다. 그러면 오히려 상대방이 더 싫어지게 된다.

그런 고민을 가진 사람들은 가끔 이런 상담을 해온다.
"싫은 사람과의 관계를 개선시키고 싶어요."
"인간관계에서 어떤 사람이 싫다는 생각은 없어지지 않는 건가요?"
그러면 나는 다음과 같이 말한다.
"싫은 사람이 좀 있으면 어때요. 싫다는 감정을 줄일 수는 있지만, 완전히 없앨 수는 없어요."
싫은 사람이 없게 되는 일은 불가능하다. 처음에 언급했던 것처럼, 이는 가장 변화시키기 어려운 '상대방'을 바꾸는 것이기 때문이다.

마음은
가끔 거짓말을 한다

사람은 누구나 싫은 사람이 있다. 그렇지만 주변이 온통 싫은 사람들로 가득 차게 되지는 않는다. 우리는 인간관계뿐 아니라, 고민을 할 때도 일정한 경향을 나타낸다. 그중 하나가 매사를 필요 이상으로 과장하는 일이다. 고민을 이야기하면서 '모두가', '모든 것이', '언제나'라는 표현을 쓰는 경향이 있다.

등교를 거부하는 여학생이 이런 고민을 털어놓은 적이 있다.

"이와이 선생님, 저는 하루하루가 괴로워서 학교에 못

가겠어요. 반 친구들이 모두 저를 싫어해요."

나는 그 말이 사실인지 싶어서 물어보았다.

"그래, 모두 너를 싫어하는구나. 그런데 한 반에 모두 몇 명이지?"

"38명이요."

"너를 빼면 37명이 되겠구나. 그러면 그중에서 너를 싫어하는 게 분명한 학생들 이름을 알려주겠니?"

그녀가 외우는 이름들을 나는 화이트보드에 적어나갔다. 그런데 5명 정도 이름을 적더니, 그녀는 우물거리기 시작했다.

"으음, 그리고……. 어어……."

"잠깐, 너는 모두 너를 싫어한다고 하지 않았니? 그렇다면 37명의 이름이 모두 나와야 할 것 같은데."

"으음, 한 5명 정도 되는 것 같아요."

"어라? 반 친구들 모두가 아니구나."

아무 대답을 못하는 그녀에게 다시 질문을 던졌다.

"그러면 반 친구들 중에서 너한테 호의적이거나 이것저것 도와준다거나 협조를 해주는 친구들은 있니?"

"……. 있는 것 같아요."

"이름을 말해주겠니?"

그러자 3~4명의 이름이 술술 나왔다.

"너는 반 친구들이 모두 너를 싫어한다고 했지만, 호의적인 친구들도 있구나. 친한 친구도 있고. 모두 너를 싫어하는 건 아닌 것 같은데."

"네……. 선생님 말씀을 듣고 보니, 모두 저를 싫어하는 건 아닌 것 같아요."

그녀는 마음이 놓인다는 표정을 지었다.

인간관계의
'기본적 오류'

이 여학생이 '모두 나를 싫어한다'라고 말했을 때, 호의적인 사람들은 어느 틈엔가 그녀 머릿속에서 사라져 있었다. 그리고 사실은 반에서 사이가 나쁜 친구들은 5명뿐인데, 반 친구들 모두 자신을 싫어한다고 생각하고 있었다. 그러한 생각을 아들러 심리학에서는 '기본적 오류'의 하나로 '과장'이라고 한다. '기본적 오류' 탓에 자신에게 마이너스 딱지를 붙이고 점차 상황을 과장해간다. '기본적 오류'에는 그 밖에도 '과잉 일반화', '단순화'가 있다.

'과잉 일반화'란, 특정 현상을 보고 모두 그러하다고 일반화하는 마음의 작용을 말한다. 학교에서 친구들과 관계가 원만하지 못하기 때문에 공부도 잘 안 되고, 운동도 잘 못한다고 단정해버린다.

그리고 전부 '모 아니면 도'로 생각하는 '단순화' 발상으로 편향된다. '모두들 나를 싫어해서 다시는 학교에 못 간다'고 단정 짓는 것이다. 실은 학교에 지각해도 되고, 가끔 결석을 해도 되지만 그러한 단계적인 대답을 선택하지 못하게 된다.

우리는 고민이 생기면 '기본적 오류'가 못된 장난을 쳐서 정상적인 판단력을 잃게 만든다. 실은 자신에게 호의적인 사람도 있는데 이를 완전히 간과하는 것이다.

실제로 이 세상에 싫은 사람들로만 가득 차는 일은 절대 없다. 싫은 사람도 있을 뿐이다.

'싫은 사람이 있다. 그래서 회사에 가고 싶지 않다.'

우리를 괴롭히는 것은 이처럼 '~그래서'로 이어지는 생각이다. 하지만 이렇게 생각을 바꿔보면 어떨까?

'싫은 사람이 있다. 하지만 친한 사람도 있다.'

생각만으로도 마음이 편해지지 않는가. 바로 '이븐 이

프(even if) 발상'이라는 사고다. 안 좋은 일이 발생했을 때 '만약 ○○한다고 해도~'라는 식으로 생각하면 전부 안 좋은 일만 있지는 않다는 것을 깨닫게 된다. 그렇다면 '~하지만' 하고 생각하는 습관을 들여보면 어떨까. 자신의 사고 습관만 바꿔도 인간관계가 많이 다르게 보일 것이다.

싫은 사람이 있어서
회사에 못 간다?

회사나 학교에 가는 것이 괴로운 사람들 중에는 '싫은 사람
이 있어서'라는 이유를 드는 경우가 종종 있다. '싫은 사람
이 있다(원인)'에서 '회사에 가고 싶지 않다(결과)'라는 사고
순서를 '원인론'이라고 한다.

원인론은 '못 하는 이유'를 만들어내는 데 아주 안성
맞춤이다.

"싫은 사람이 있어서 회사에 못 간다."
"친구들이 싫어서 학교에 못 간다."

자신은 나름 그럴듯한 이유라고 생각하지만, "그렇다면 어떻게 하면 좋은가?"라는 물음에는 대답하지 못한다. 싫은 사람을 직장에서 쫓아낼 힘은 없고, 학교에서 싫은 친구들을 없애지도 못한다.

원인론으로 생각하는 사람에게는 "이직하면 싫은 사람을 안 봐도 된다."라고 조언해도 "하지만 직장이 멀어지면 큰일이다.", "야근이 많아지면 곤란하다." 등 실제 행동으로 옮기지 못하는 다른 원인을 꺼내들 뿐이다.

'못 하는 이유'로 늘 고민이 많은 듯하지만, 실제로는 '행동하지 않는 자신에 대한 평계'에 불과하다. '못 하는 이유' 뒤로 숨는 것은 그만하고, '그러면 어떻게 해야 할까?'라고 스스로에게 물어보자. 그것이 아들러가 말하는 '목적'이다.

당신이 진짜로 못 하는 이유는 당신이 평계의 방패로 써먹던 '못 하는 이유'가 아니라, 바로 '당신 자신'이다.

앞으로 무엇이 가능한지
생각한다

아들러는 '사람은 목표달성의 욕구를 가지고 살아간다'는 생각을 바탕으로 인간심리를 해독하였다. 바로 '목적론'이라고 불리는 사고다. 목적론에서는 미래에 목표가 있음으로써 현재의 상황이나 행위가 결정된다고 본다. 즉, 앞의 예에서 '학교를 그만둔다'가 목적이고, '인간관계가 싫다'는 것은 나중에 붙여진 이유에 불과하다. 그러나 자신의 목표가 언제나 적절하지는 않다. 어느 틈엔가 그릇된 목표를 선택했을 가능성도 있다.

그렇기 때문에 아들러는 '사람은 자신의 의사로 목표를 다시 선택할 수 있다'고 생각하였다. 즉, 목표달성을 위해서 무엇이 가능한지를 추구하였다.

예를 들어보자. '학교를 그만둔다'는 목표 대신 '학교에 간다'는 목표를 가지면 학교에 가기 위해서 장차 자신이 무엇을 할 수 있는지 생각하게 된다. 즉, 자신의 의사를 달성하는 것이 목표가 되면, 자연스럽게 생각의 방향과 행동이 달라질 수 있다.

중요한 것은 "과거 사실보다는 장차 미래를 위해서 무엇이 가능한가?"이다. 목표달성이라고 하면 비즈니스가 연상되기 쉽지만, 인간관계에서도 전혀 다를 바가 없다. 싫은 사람이 있다는 사실을 인정하고, '앞으로 인간관계에서 고민하지 않기 위해 무엇이 가능한가'라는 미래지향적인 사고를 하는 일이 중요하다. 그러면 지금 이 순간부터라도 싫은 사람과의 관계는 변화할 것이다.

상대방의 기분이 나쁜 것은 내 탓이 아니다

"싫은 사람이 있는데, 혹시 내 성격에 문제가 있는 건 아닐까?"

인간관계에 있어 자신에게 문제가 있어서 타인을 받아들이지 못하는 것은 아닌지 고민하는 사람이 의외로 많다. 하지만 실제로 문제의 원인이 본인에게 있는 경우는 많지 않다. 오히려 별다른 이유 없이 '그냥' 성격이 맞지 않은 경우가 더 많다. 반대의 경우도 동일하다. 그런 고민을 하는 본인 역시 괜히 싫은 사람이 있다. 자신에게 이렇다 할 잘못을 해서가 아니라, 딱 꼬집어 말하기는 어렵지만, '왠지 그냥' 싫고 대하기 불편한 사람이 종종 있다.

의외로 많은 사람이 상대방의 기분이 나쁘면 자신의 탓으로 돌리는 경향을 보인다.

예를 들면, 한 여성이 남자친구와 데이트를 하고 있다. 그런데 다툰 것도 아닌데 그가 데이트 내내 기분이 안 좋아 보인다고 가정해보자. 그럴 때 우리는 대개 불안한 마음에 탐색을 시작한다.

'내가 뭔가 잘못했나?'

'다음 주에 만날걸. 오늘 억지로 나오라고 했나?'

하지만 냉정하게 생각해보자. 그가 기분이 안 좋은 것은 그 자신의 문제이며 그녀와 아무 상관이 없을 수도 있다. 그가 배가 아파서 기분이 나쁠 수도 있고, 업무상의 실수를 마음에 담고 있는지도 모른다. 그렇다면 그녀에게는 전혀 책임이 없다.

아들러 심리학에서는 '기분이 나쁜 것에도 목적이 있다'고 생각한다. 그것은 바로 '타인의 접근을 저지하고 싶다'는 목적이다. 즉, 기분이 안 좋은 그에게는 그 당시 자신의 의사대로 '기분 나쁜 상태로 있고 싶었다'는 목적이 있었던 것이다.

그렇기 때문에 상대방의 기분이 나쁠 때에는 '내 탓이야.'라고 생각하지 말고, 단지 '아, 이 사람은 오늘 기분이 안 좋구나.' 하고 생각하면 된다. 그리고 그날은 일찍 헤어지고, 기분이 풀렸을 때로 다시 날을 잡아서 데이트를 하면 된다.

비슷한 예로, 당신도 부모에게 "공부해라.", "하는 일은 잘되냐?" 등의 말을 듣고 발끈한 경험이 있지 않은가? 그때는 '부모의 접근을 막고 싶다'는 목적이 있어서 불쾌해진 것이다. 하지만 그 불쾌함은 오래가지 않는다. 날이 바뀌면 기분 좋게 부모와 대화를 할 수 있다. 따라서 기분이 안 좋은 상대를 봤을 때, 가끔은 '나와는 상관없다'는 생각을 가지고 대할 수 있어야 한다.

사교성은 훈련을 통해
향상시킬 수 있다

사람은 가까운 사람과의 관계를 통해 다른 사람을 대하는
방법을 경험적으로 익혀간다. 아들러 심리학에서는 형제관
계가 인간관계에 커다란 영향을 미친다고 본다.

나는 형제자매가 많은 집에서 자랐다. 그중에서 7살 많
은 누나가 한 명 있었는데, 어릴 때 내 눈에 누나는 아주 강
해 보였다. 특별히 남동생을 귀여워하지도 않아서 나도 누
나에게 응석을 부리겠다는 생각은 전혀 하지 않았다. 어린
시절 나는 내 형제들과의 경험에서 '여자는 무섭다'는 생각
을 갖게 되었다.

실제로 예전에는 여자들이 많이 불편해서 그 앞에서는

말도 잘 못하였다. 중학교 1학년 때, 나는 고민 끝에 '다시는 같은 반 여학생들과 이야기하지 않겠다'고 결심하였다. 결국 여학생들과 거의 이야기하는 일도 없이 중학교 2학년이 되었다. 하지만 중학교 3학년으로 올라갔더니, 필요에 따라서는 여학생들과 대화를 해야 하는 상황이 생겼다. 좋아하는 여학생이 생기자, 서서히 여학생들과 이야기를 나눌 기회를 만들었다. 그러면서 자연히 여성들을 대하는 일에도 차츰 익숙해졌다.

지금 내게 상담을 하거나 연수를 받는 수강생들의 70~80퍼센트는 여성들이 차지한다. 그러다 보니, 지금은 여성들의 심리를 잘 이해하게 되었다. 여성들 6명 속에 혼자 섞여서 이야기를 나눌 기회도 많이 있다. 어린 시절의 경험과 달리 이제는 여성들과 대화하는 것이 즐겁기 그지없다. 결과적으로 나는 여성들을 대하는 방법을 훈련했던 것이다.

이처럼 인간관계는 훈련이 가능하다.

당신의 인간관계가 원만하지 못하다면, 그것은 성격의 문제가 아니라 단순히 지식이나 경험 부족이 원인일 가능성이 높다. 나는 인간관계를 힘들어하는 사람들 중 약간의 훈련으로 인간관계가 좋아지는 사례를 자주 볼 수 있었다. 약간의 관점 변화와 함께 새로운 경험을 통해 사람은 누구나 나이와 상관없이 인간관계를 개선시킬 수 있다.

'싫다는 이미지'는
덧칠할 수 있다

누군가가 싫다는 생각은 실제로 없어지기도 한다. 처음에
는 왠지 싫은 사람일지라도 만남을 거듭하면서 '이렇게 멋
진 면이 있구나!', '의외로 좋은 사람이잖아.' 하고 깨달으면
서 서서히 친해진다. 당신도 분명히 그와 비슷한 경험이 있
을 것이다. 싫은 사람이라는 이미지는 좋은 체험으로 덧칠
할 수 있다. 마찬가지로 인간관계도 언제든 덧칠할 수 있다.

  그렇게 말하면 "싫다는 이미지를 덧칠해가면서까지 꼭
바꿀 필요가 있어요?"라고 묻기도 한다. 무리를 하면서까
지 상대방 이미지를 덧칠할 필요는 없다. 노력해도 역시 싫
은 사람은 존재하기 마련이다.

사람에게는 궁합의 법칙이 있다. 구체적으로 말하면, 자신의 주변 사람들은 '2 : 7 : 1'이나 '2 : 6 : 2'의 비율로 자신과 성격이 '잘 맞는 사람 : 보통인 사람 : 안 맞는 사람'으로 나뉜다. 당신 주변 사람들도 이와 동일한 비율로 당신과 성격이 잘 맞는지, 안 맞는지를 판단해 나누고 있다.

어떤가? 짚이는 것이 있지 않은가? 거듭 반복하지만, 싫은 인간관계를 억지로 극복할 필요는 없다.

"사람은 누구나 싫은 사람이 있다."

"내가 싫어하는 ○○ 씨는 전체 중에서 겨우 20퍼센트에 해당하는, 나와 잘 안 맞는 사람일 뿐이다."

이렇게 이해만 해도 충분하다. 이런 마음으로 싫은 사람과 어울리다 보면 관계가 점차 좋아지기도 하고, 역시 뭔가 안 맞는 사람으로 남기도 한다. 이렇게 생각하는 것만으로도 마음이 조금은 편해질 것이다.

싫은 인간관계는
'업무'로 받아들인다

인간관계에 특히 민감한 사람들이 있다. 인간관계에 너무 부담감을 가져서는 안 된다. 사람이 살아가는 데 인간관계라는 건 당연히 생겨나기 마련이다. 여러 가지 사정상, '반드시 어울려야 하는 사람'은 어디서든 생기기 마련이다. 그중에는 좋은 관계도 있고 나쁜 관계도 있다.

하지만 모든 일들이 24시간 온종일 계속되지는 않는다. 그렇기 때문에 가끔은 '인간관계는 업무'라고 받아들일 줄도 알아야 한다. 아무리 싫은 사람과도 업무로 엮여야 하는 상황이 발생한다. 그럴 때는 관계를 업무로 받아들이고 대응하면 된다. 다만 업무일 경우, 일단 보고와 연락만큼은 소홀해서는 안 된다. 최소한의 정보를 사무적으로 전달하면 더 이상 관계가 악화되는 일은 없다.

그리고 상대방이 싫다는 감정을 인정하면서도 업무 면에서는 경의를 표하고 적당한 거리감을 유지한다. 상대방에게 말려들지 않을 정도로 관계를 유지하는 것이다. 그래도 문제가 발생하면 신이 당신에게 단련할 기회를 주었다고 생각하자. 고행을 견디고 자신을 단련하기 위해 그에게 하루 중 아주 짧은 시간을 내어준 것이라고 생각하면 된다. 그리고 곧 다가올 즐거운 일에 관심을 기울이면 된다.

마음에 들지 않는 사람과
직접 어울려본다

한 주부는 아이돌 그룹 '아라시[嵐]'의 열렬한 팬이다. 틈만 나면, 그들이 출연한 방송 프로그램을 확인하거나 DVD를 본다고 한다. 부엌일을 하면서도 곧잘 아라시의 노래를 흥얼거린다. 아들도 엄마가 아라시 팬인 것을 너그럽게 봐주고 있다. 하지만 남편은 그 모습이 마음에 들지 않는지, "그놈의 아라시인지 뭔지, 약해빠져 보이는 애들이 뭐가 좋다고." 하면서 거의 냉소적인 반응을 보였다.

그러던 어느 날, 그 남편은 불현듯 생각했다.

'내가 왜 아라시를 싫어하지?'

그러면서 한 가지 사실을 깨달았다. 아무래도 그는 아라시를 질투하고 있던 듯싶다. 곰곰이 생각해보면 그는 아내가 자신보다 젊은 남자들에게 관심을 보이는 것이 마음에 들지 않았던 것이다. 그래서 자신의 질투심을 냉정하게 바라본 다음 아라시가 출현하는 드라마를 봤더니, 그들이 훨씬 괜찮아 보였단다. 이처럼 스스로 아라시의 세계를 접해보았더니, 외부에서 본 것과 전혀 다르게 보였다. 생각했던 것보다 아라시 멤버들은 훨씬 더 매력적이며 호감 가는 청년들이었다.

앞서 언급한 '이미지의 덧칠'과 마찬가지다. 싫다는 이유로 단순히 멀리하기보다는 직접 접하다 보면 인생은 크게 변화한다. 모두들 좋다고 하지만 자신은 왠지 싫은 사람이 있을 때, 실제로 대화를 해보면 역시 호감을 살 만한 뭔가가 있다고 이해되는 경우가 있다.

'별 이유 없이 싫어했던 거구나.' 하고 깨닫게 되면서 상대와 친해질 가능성도 있다. 어떤 사람이든 간에 직접 어울려보지 않으면 모르는 면이 있다. 그리고 싫은 사람도 자신과 어딘가 코드가 맞는 부분이 있다. 그렇기 때문에 때로는 싫은 사람과 직접 어울려보는 일도 중요하다. 관계를 맺어

보고 잘되면 앞에 서술했듯이 인간관계를 덧칠할 수 있다.
또한, 그렇게 어울려봤음에도 도저히 맞지 않다 싶으면 다
시 거리를 두면 된다.

상대방 단점의
'이면'을 본다

사람은 기본적으로 긍정적인 면이 바탕이 된 행동을 한다. 아침에 인사를 건넨다, 동료를 위해서 차를 끓인다, 부재중인 사람을 대신해 전화를 받아 메시지를 남겨둔다……. 반대로 부정적인 면이 바탕이 된 행동은 전체 중에서 아주 낮은 비율을 차지한다.

하지만 평소 긍정적인 면이 바탕이 된 행동들은 너무 당연한 나머지 눈에 띄지 않기 때문에 우리는 자칫 상대방의 긍정적인 면도 '당연한 것'으로 간과하는 경향이 있다.

게다가 우리는 상사나 선배, 부모, 교사 등 자신에게 영향을 미치는 사람일수록 그의 부정적인 면으로 시선을 돌리는 경향이 있다. 실은 전체 행동의 5퍼센트 정도에 속하는 행동을 보고도 '또 저런다'며 비판적인 눈으로 바라본다. 뿐만 아니라, 긍정적인 면이 바탕이 된 행동까지 부정적으로 보려고 한다. 그러한 문제와 관련해서 아들러는 다음과 같이 말했다.

"중요한 것은 무엇이 주어졌느냐가 아니라, 주어진 것을 어떻게 활용하느냐이다."

한 의대생의 예를 소개해보겠다. 그는 4학년 진급을 앞두고 유급을 당했다. 그는 나를 보더니 이렇게 말했다.

"저는 의대가 안 맞아요. 집중력이 없거든요. 공부를 해도 20~30분이 지나면 전화를 하거나 음악이 듣고 싶어져서 더는 집중할 수가 없어요."

그 말에 나는 이렇게 답하였다.

"학생에게는 산만력(散漫力)이 있어요."

"네? 산만력이요? 그런 말은 처음 듣는데요."

"그럼 지금부터 학생에게 산만력을 활용한 공부법을 가르쳐줄게요. 우선, 텍스트를 세 개 준비하세요. 내과학을

20분 공부하다 싫증나면 그건 접고, 다음에는 산과학을 공부해봐요. 그것도 싫증나면 해부학을 공부하고요. 이건 학생도 할 수 있겠죠?"

"네, 그건 저도 할 수 있을 것 같아요."

그날부터 그는 당장 내가 가르쳐준 공부법을 실행하였다. 그 결과, 의사국가고시에 한 번에 합격하였다. 집중력이 없다는 것은 산만력이 있다는 뜻이다. 그렇다면 이 산만력을 활용하면 된다.

소개한 사례는 자기 자신에 관한 것이었지만, 남을 볼 때도 응용할 수 있는 사고방식이다.

예를 들면, '성미가 급한 사람'은 '순발력이 있는 사람'으로 바꿔 말할 수 있다. '느린 사람'은 '차분히 생각해서 행동하는 사람'으로 표현할 수 있고, '완고한 사람'은 '신념이 강한 사람'으로 바꿀 수 있다.

'이 사람은 성미가 급하다기보다는 순발력 있는 사람이야.'라고 생각하면 이상하게도 정말 순발력이 좋은 사람으로 보이기 시작한다. 그러면 그와는 빠른 속도를 요구하는 업무 방식에 관해 의논하는 등 순발력을 살릴 수 있게끔 대응하면 된다.

단, 여기서 마이너스 부분에 지나치게 주목해서는 안 된다.

플러스 부분을 찾아내서 그것을 활용하려는 생각만으로도 부정적인 의식에서 벗어날 가능성이 높아진다.

'미움받고 싶지 않다'

우리는 남이 자신을 싫어하게 될까 봐 자꾸만 신경을 쓴다. 상대방의 미움을 살까 봐 마지못해 상대방의 요구를 따르고 무리를 하는 일이 많이 있다. 그런데 이 '미움받고 싶지 않다'는 감정의 밑바탕에는 좋고 싫음의 판단기준이 깔려 있다.

　우리는 '호감을 사느냐, 미움을 받느냐'에 지나치게 예민하다. 누구나 미움을 받기보다는 호감을 사기를 원한다. 나역시 미움보다는 호감을 받는 것이 좋다. 다만 우리는 원치 않으면서도 남의 미움을 사지 않으려고 지나치게 많은 시간을 할애한다.

하지만 이제는 좋고 싫음의 판단기준에서 벗어나도 되지 않을까?

아들러 심리학에서는 좋고 싫음을 대신하는 판단기준으로 '건설적(useful)이냐, 비건설적(useless)이냐'를 제시한다.

이는 자신과 상대방의 공통 목표(goal)를 설정하고, 그 목표를 위한 '두 사람의 이상적인 모습은 무엇인가'를 생각해 서로 영향을 미치는 관계가 되는 것을 의미한다.

좋고 싫음을 인간관계의 판단기준으로 삼으면, 최종적으로는 상대방 판단에 맡기게 된다. 그러면 자신은 상대방과의 관계를 컨트롤하지 못한다. 다시 말해 모든 사람들의 호감을 사려고 하면 할수록 보람 없는 헛된 노력만 반복하게 될 뿐이다. 이보다는 직장 동료, 가족, 애인을 위해서 자신은 정말 공헌하고 있는가, 건설적인 행동을 하고 있는가를 생각하는 편이 스스로 컨트롤 가능한 일을 하는 데 시간을 사용하는 방법이라 할 수 있다.

공통 목표를 위해서 자신이 할 수 있는 일에 힘을 쏟는다. 그 결과 남들의 미움을 받더라도 그것은 스스로 컨트롤

하지 못하는 일이므로 있는 그대로 받아들이자. 설령 대하기 불편한 사람이 있더라도 계속 그 사람을 불편해하는 자신을 탓해서는 안 된다. 그저 남들의 미움을 받는 자신을 받아들이기만 하면 된다.

모두의 호감을 산다는 것은 환상이다. 마찬가지로 모두의 미움을 받고 있다는 것도 망상에 불과하다.

그렇기 때문에 미움을 받거나 호감을 사는 일에 집착할 필요는 없다. 자신에게 호감을 가진 사람도 있고, 싫어하는 사람도 있을 뿐이다.

인간관계의 좌절도
성장의 씨앗

"친해지려다가 오히려 관계가 나빠졌어요."

"결국, 성격 차이로 이혼했어요."

인간관계에 실패했다고 해서 상대방을 자꾸 공격하거나 자신감을 잃어서는 안 된다. 실패는 도전의 증거다. 사람들과 좋은 관계를 맺기 위해서 도전했는데, 그 결과 우연히 실패했을 뿐이다. 실패를 후회하기보다는 도전을 높이 평가해야 한다. 사람은 실패를 겪음으로써 많은 것을 배울 수 있다. 실패를 통한 학습 기회는 흔치 않기 때문에 오히려 긍정적으로 반응해도 된다.

나는 이혼을 알려오는 사람들에게 "결혼에 대해 좋은 수

업을 했군요. 축하합니다!"라고 말해준다. 인간관계에서 실패했을 때에는 이렇게 생각해보자.

'인간관계는 쉽지 않지만, 나는 도전했어. 상대방과 직접 부딪쳐보려고 했던 것만으로도 장하다!'

'이번에는 실패했지만, 사람들과의 거리감에 대해 많이 배웠으니까 본전은 충분히 뽑았네.'

리스크 없이는 아무것도 얻을 수 없다.

이 말은 인간관계에서도 통용되는 진리다. 진정한 인간관계를 쌓으려면 그만큼 잃는 것도 많아진다. 그렇지만 사람들과 엮이지 않고 전혀 상처를 받지 않는 인생보다는 때로는 상처받으면서도 여러 사람들과 엮이며 성장하는 인생이 훨씬 매력적이다.

2장

인간관계를 망치는 여섯 개의 단어

용기를 줄 수 있는 사람에게는
싫은 사람이 없다

아들러 심리학에서는 목표를 향해 한 걸음 내디딜 수 있게 끔 타인과 자신에 대한 '용기 부여'를 중시한다. 그렇기 때문에 종종 '용기의 심리학'이라고 부른다. 용기라고 하면 뭔가 거창한 느낌이 들지만, 우리가 싫은 사람들과 어울리는 데 필요한 보편적인 키워드라 할 수 있다.

영어로 말하는 'courage(용기)'는 원래 라틴어의 'cor(코어)'에서 유래하여 인간의 활력을 관리하는 'heart(심장)'의 의미를 가지고 있다.

즉, 용기는 곤란을 극복하는 활력이며, 용기 부여란 '곤란을 극복하는 활력을 주는 것'이다. 인간관계에서 말하는 용기는 '앞뒤 가리지 않는 대담함'과는 다르다. 아무리 겁이 많은 사람도 속으로는 남들과 엮이고자 하는 용기를 가지고 있고, 경우에 따라서는 자신과 타인에게 용기를 줄 수도 있다.

싫은 사람을 줄이는 데 왜 용기 부여가 필요할까? 그 이유는 다음 세 가지로 정리할 수 있다.

1. 상대방의 자기 긍정감을 높일 수 있다

자기 자신을 싫어하는 사람은 타인의 모습에 자신을 투영시켜서 타인도 싫어하는 경향이 있다. 다시 말해, 자기 긍정감이 낮은 사람과 잘 어울리려면 용기를 줌으로써 상대방의 자기 긍정감을 높여야 한다.

2. 상대방의 신뢰감을 높일 수 있다

상대방에게 용기를 주면 서로 신뢰가 높아진다. 당연히 인간관계도 더욱 양호해진다. 역으로 말하면, 저의를 가지고 상대방을 치켜세우는 행위는 오히려 상대방에게 불신감을 낳으므로 용기 부여와는 다르다.

3. 상대방이 다른 사람에게 활력을 제공할 수 있다

용기를 얻은 상대가 기운을 내고, 그 기운을 주변 사람들을 위해 제공하는 것은 이상적인 모습이다. 이것이 바로 용기 부여의 최종 목표가 된다.

용기 부여에는 '자기 자신에 대한 용기 부여'와 '타인에 대한 용기 부여'의 두 종류가 있다. 단, 제1장에서 서술했듯이 자신의 의사로 마음대로 바꿀 수 있는 것은 자기 자신뿐이다. 우선 스스로에게 용기를 부여함으로써 서서히 진정한 인간관계를 쌓는 사람이 되어보자. 그렇게 함으로써 주변에 '용기를 주는 사람'이 될 수 있다.

자신에게 용기를 주는
네 가지 규칙

자기 자신에게 용기를 주는 아들러의 네 가지 규칙을 소개하겠다.

1. '목적 지향'으로 산다

아들러 심리학에서는 과거의 원인을 거슬러 올라가는 원인 지향이 아니라, 목적 지향적으로 인간관계를 이해한다. 사람의 행동은 그 사람의 목표나 목적을 따른 결과라는 것이다. 목적 지향으로 생각하면 과거에 발생한 여러 문제도 어떻게 해석하고 대응할지 스스로 결정할 수 있다. 과거는 바꾸지 못하지만 우리는 현재와 미래를 바꿀 수 있다. 그러기 위해 스스로 올바른 목표를 선택하는 일이 자신에게 용기를 주게 된다.

2. '건설적인 사람'을 목표로 한다

'좋은 사람'이란, 사실 상대방이나 주변 사람들이 마음대로 부릴 수 있는 사람, 편리한 사람이다. 상대방을 기쁘게 해주려는 노력은 결코 나쁘지 않다. 하지만 상대방의 뜻대로 움직이는 습관이 들면, 진심으로 우러난 행위가 아니기 때문에 결국은 지치게 된다. 무조건 좋은 사람으로 인정받는 것이 최선은 아니다. 인간관계에서 지치는 사람은 자신이 상대방에게 편리한 사람이 되지는 않았는지 다시 한 번 살펴보자.

만약 자신이 '좋은 사람'이 되어 있다면 이제는 그만둘 결심을 해보기 바란다. 더 이상 좋은 사람이 아니더라도 부당한 일이 생기지는 않는다. 사람들은 당신 생각처럼 당신에게 관심이 없다. 당신이 좋은 사람이 되기를 그만두더라도 인간관계가 악화될 걱정은 안 해도 된다. 사실은 당신 혼자서 다른 사람이 기대하는 바를 지레짐작하여 거기에 부응하려고 했던 것일 수 있다.

좋은 사람이기를 그만두려면 결단력이 필요하다. 이제는 좋은 사람이 아니라, '건설적인 사람'이 되는 것을 목표로 삼아보자. 서로의 공통 목표를 위해서 무엇을 할 수 있는지 생각하여 실행하는 것이다. 그것이 자기 자신뿐 아니라, 상대방에게도 용기를 주는 지름길이 된다.

3. 웃음을 받아들인다

아들러 심리학에서는 웃음의 효과를 아주 중요시한다. 아들러는 "기쁨은 자신을 타인과 이어주는 정서이고, 슬픔은 배반시키는 정서이다."라고 하였다. 사람은 웃음으로써 마음이 열리고, 여유도 생긴다. 그러면 매사에 객관적이 되기 때문에 '내가 왜 이처럼 시시한 일에 얽매였을까?' 하고 깨닫는다. 이로써 낙관적으로 생각하고, 미래지향으로 상대방과 어울리게 된다.

아들러의 제자인 베란 울프(W. Beran Wolfe)는 "웃어라, 세상이 너와 함께 웃으리라. 울어라, 너 혼자만 울게 되리라."라는 서양 명언을 인용해서 "웃음과 유머 감각을 기르는 것은 좋은 세상을 위한 멋진 연습이다. 자기 자신과 동료들의 유대관계를 위해서는 온화하고 유머러스한 인격 양성이 가장 중요하다."라는 말을 남겼다. 나도 그의 말대로 의식적으로 웃기 위해 노력하고, 상담할 때도 상대방이 웃게끔 애쓰고 있다. 웃음의 효과는 생각보다 다양하게 나타나곤 한다.

4. 낙천주의가 아니라, 낙관주의가 된다

낙천주의자들은 무턱대고 '좋은 일이 생긴다'고 믿어 의심치 않는 사람이다. 나쁘게 말하면, 그저 속 편한 사람이기도 하다.

한편, 낙관주의자들은 세상에는 나쁜 일이 있으면 좋은 일도 있다고 이해한다. 그리고 최선의 선택이 가능하다고 믿는다. 안 좋은 상황에 직면했을 때, '그럴 수 있다'며 사태를 냉정하게 받아들일 줄 안다. 그리고 "지금은 마이너스 상황이지만, 나라면 만회할 수 있어.", "잘만 대처하면, 반드시 좋아질 거야." 등 현실을 고려하면서 낙관적으로 생각한다.

이 네 가지를 염두에 두고, 싫은 사람과의 인간관계를 개선하기 위해 우선, 자신에게 용기를 주는 일부터 시작해보기 바란다.

오델로 게임

자신에게 용기를 주는 습관은 쉽게 익힐 수 있다. 우선 일상생활에서 '나 자신에게 용기를 준다'는 생각으로 조금씩 습관을 바꿔나가는 것이 가장 바람직하다. 그 실천 방법으로 내가 매일 습관적으로 하는 행동을 소개하겠다.

예를 들면, 나는 아침에 눈을 뜨면, 자리에서 일어나면서 "아, 오늘도 상쾌해."라고 말한다. 아침 기상은 앞으로 남은 인생에서 목표를 달성하기 위한 시간이 시작되는 순간이다. 그 순간을 나는 오늘도 보낼 수 있게 된 것이다. 당연한 일 같지만, 크게 축복할 일이다.

"오늘도 상쾌해."라는 말을 함으로써 인생에서 새로 시작되는 하루를 축복하는 마음으로 맞이할 수 있다. 나는 축복하면서 아내와 대화를 나누고, 축복하면서 세안을 하며, 맛있는 아침 식사를 먹은 뒤, 거울에 비친 나를 보며 미소 짓는다.

이처럼 축복받은 아침을 최대한 과장되게 연출한다.

"사람은 누구나 오늘 하루를 행복하게 사느냐, 불행하게 사느냐를 스스로 결정할 수 있다."라는 말이 있다. 나도 동감한다. 매일 아침 "오늘 하루도 기운차게 보내자." 하고 결심하면 기운찬 하루를 보낼 수 있다. 나는 설령 숙취가 있는 아침에도 상쾌하게 하루를 보내기로 '결심'하고 있다.

그리고 밤을 맞이할 때도 축복을 한다. 하루를 지내면서 좋은 일만 있지는 않다. 그중에는 안 좋은 일들이 연달아 일어나는 날도 있다. 그래도 나는 하루를 마치며 샤워할 때, "오늘도 잘했어." 하고 자신에게 감사하는 습관을 가지고 있다. 취침 전에는 그날 하루 동안 만난 사람들에게 감사하고, 그들이 행복하게 살기를 바란다. 그렇게 좋은 일과 나쁜 일을 모두 정리해서 다음 날에는 새로운 마음으로 다

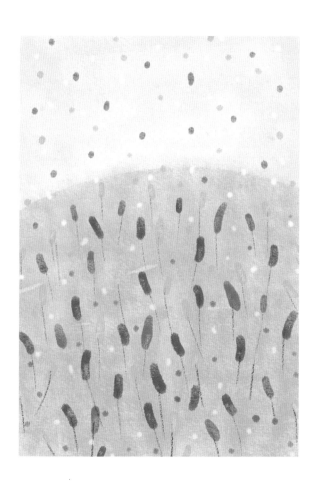

시 하루를 맞이하려고 한다.

　오델로 게임에서는 양쪽 끝에 흰색 말을 놓으면, 그 사이에 있는 검은색 말들을 모두 하얗게 뒤집을 수 있다. 마찬가지로 아침과 밤에 자신에게 용기만 불어넣어도 하루에 있었던 모든 일을 긍정하고 자신에게 용기를 줄 수 있다.

말만으로는
남에게 용기를 주지 못한다

원활한 인간관계를 위해 상대방에게 용기를 주는 행위는
다음 네 가지 조건으로 성립된다.

1. 발신자

같은 말일지라도 누가 발언하는지에 따라 듣는 사람은 용기
를 얻기도 하고, 얻지 못하기도 한다. 가령 당신이 일하는 모
습을 전혀 볼 일이 없는 다른 부서의 사람이 "요즘 잘나가던
데." 하고 말하면, 빤한 소리로 듣거나 뭔가 다른 꿍꿍이가
있지는 않은지 의심하게 된다.

2. 수신자

사람에 따라서는 용기를 주려고 해도 받아들이지 않기도 한다. 그런 사람은 "그만하세요. 저는 그런 사람이 아니에요." 라고 받아치면서 공감하지 않는다.

3. 기호

기호라는 것은 표정이나 어조, 태도 등을 말한다. 어두운 표정으로 "고마워."라고 말하면 마음이 전달되지 않는다. 또 컴퓨터 화면에서 시선을 떼지 않은 채 "일 도와줘서 고마워."라고 말해도 역시 고마운 마음은 거의 전달되지 않는다. 역으로 말하면, 주먹을 앞으로 들며 "잘했어."라고 할 때 상대방에게 용기를 주기도 하고, 어깨에 살며시 손을 얹거나 안아주는 행동이 힘을 북돋아줄 수도 있다.

4. 상호관계

서로 신뢰하는 사이에서는 "멍청아!"라는 말도 용기를 주는 말이 될 수도 있다. 용기를 주는 말이 되는지 안 되는지는 상호 간의 관계에 따라 결정된다는 의미다.

따라서 말만 건넨다고 해서 용기를 주지는 못한다.

"뭐라고 해야 용기를 줄 수 있을까요?"

그런 질문에 나는 이렇게 대답한다.

"당신이 무슨 말을 해도 전혀 용기를 주지 못해요."

말만으로 넘어가려는 것은 남을 움직이려는 속내가 있을 뿐이다. 다른 사람에게 용기를 주는 것과는 다르다. 다른 사람에게 용기를 줄 때는 먼저 앞에서 설명한 네 가지 조건에 맞는지를 확인해야 한다.

칭찬이 아니라,
용기를 불어넣는다

이번에는 다른 사람에게 용기를 주는 구체적인 방법에 대해 살펴보자. 칭찬과 용기 부여는 종종 혼동되곤 한다. 이 두 행위는 언뜻 비슷하지만 명확한 차이가 있다.

'칭찬'은 한마디로 외발적 동기 부여다.

쉽게 말하면, '상대방을 조종하기 위한 행위'다. 직장에서는 상사가 부하직원의 뛰어난 점을 평가하고 칭찬한다. 그러면 부하직원은 의욕이 생겨서 생산성을 높이려고 노력한다. 칭찬은 일종의 평가다. 따라서 반드시 칭찬하는 사람은 상사, 칭찬받는 사람은 부하라는, 상하관계를 전제로 한다.

나쁘게 말하면, '당근과 채찍'의 당근으로써 칭찬을 활용하는 것이다. 사람은 칭찬을 받으면 기뻐서 더 칭찬받기를 원한다. 그리고 늘 칭찬을 듣기 위해 행동하려고 한다. 역으로 말하면, 칭찬하는 사람이 없어지는 순간, 행동도 멈추게 된다.

어린아이에게 "정리도 잘하고, 참 착하구나."라고 말하면 아이는 얼른 정리를 하지만, 아무리 열심히 정리해도 칭찬받지 못한다는 것을 알면 더 이상 정리를 하려들지 않는다. 이와 동일한 원리다.

아들러 심리학에서는 인간관계를 '상하관계'로 파악하는 것은 건전한 정신을 해친다고 본다. 아들러는 상사와 부하이든, 부모와 자식이든 간에 대등한 수평적 인간관계를 최고로 여긴다. 만약 대등함을 전제로 한 인간관계에서 '칭찬'을 건네면 앞에 서술했듯이 그 순간 '칭찬하는 사람과 칭찬받는 사람'이라는 상하관계가 생겨난다. 그러한 상황을 만들지 않기 위해서도 지나친 '칭찬'은 자제하는 편이 바람직하다.

한편, '용기'를 주는 것은 내발적 동기 부여다.

상대방이 자립해서 스스로 자신에게 용기를 주게끔 '어려움을 극복하는 활력을 부여하는 것'이다. 여기에는 '평가하다/평가받는다'는 상하관계가 아니라, 서로 공감하는 대등한 관계를 전제로 한다. 설령 다른 사람이 아무 말을 하지 않더라도 스스로 '이것을 하면 모두에게 좋고, 나도 기분이 좋아지니까 하자.'라는 생각에서 자발적으로 행동하면 용기 부여가 된다. 그러면 인간관계에 위아래가 생기지 않고, 대등한 일체감이 생겨난다.

칭찬은
인간관계를 망친다

'칭찬'의 단점을 조금 더 상세히 살펴보자. 가끔 하는 칭찬은 괜찮지만, 칭찬만 하면 폐해도 발생한다. 칭찬에는 다음세 가지 문제점이 있다.

1. 한번 칭찬하기 시작하면 계속해야 한다

칭찬으로 사람을 유도하는 습관이 생기면 반영구적으로 상대방을 계속 칭찬해야 한다. 칭찬을 그만둔 순간 상대방은 움직이지 않기 때문이다.

2. 칭찬할 때마다 칭찬하는 정도가 커지지 않으면 효과가 떨

어진다

처음에는 작은 칭찬에도 상대방의 의욕을 끌어올릴 수 있지만, 점차 요구하는 바가 커진다. 더 강렬하고 자극적으로 칭찬하지 않으면 상대방은 움직이지 않는다.

3. 끊임없는 지시나 관리가 필요하다

칭찬하지 않으면 상대방은 움직이지 않기 때문에 항상 상대방을 지켜보며 칭찬해야 한다. 그렇지 않으면 상대방을 원하는 방향으로 이끌기는커녕, 상대방의 일거수일투족에 농락당하게 된다.

어떤가. 자식이나 부하직원과의 인간관계로 고민하는 사람은 어쩌면 외발적 동기 부여에 익숙해져서 결국 자기 자신을 괴롭히고 있는지도 모른다. 한시라도 빨리 상대방에게 칭찬이 아닌, 용기를 주게끔 의식을 바꿔야 한다.

누구한테든
고마워할 일을 찾는다

타인의 평가를 기준으로 한 '칭찬'을 '용기 부여'로 바꾸려면 어떻게 해야 할까?

용기를 주는 행동으로 가장 효과적이고 곧바로 시작할 수 있는 한 방법은 바로 '고맙다'는 말을 하는 것이다. 상대방에게 "고맙습니다."라고 말했는데 부정당하는 일은 거의 없다. 그리고 고마워하는 데에는 돈이 들지 않는다. 그렇기 때문에 고맙다는 인사야말로 가장 효과적으로 용기를 줄 수 있는 방법이다.

고맙다는 말로 인간관계를 회복한 예를 소개하겠다.

내가 어느 기업 연수에 갔을 때의 일이다. 휴식 시간에 한 여성 사원이 질문이 있다며 나를 찾아왔다. 그녀는 나에게 다음과 같은 고민을 털어놓았다.

"실은 요즘에 남편과 이혼 얘기가 나왔어요. 이 연수가 끝나면 본격적으로 남편과 이혼에 대해 이야기하려고 해요. 어쩌다 이렇게까지 됐는지 모르겠어요."

"당신은 이혼을 원합니까?"

"아니요. 가능하면 이혼하고 싶지 않아요."

그녀는 남편과의 사이에 초등학생 아이가 있다고 했다. 평소 남편과 대화도 거의 없고, 그날도 남편에게 아무 말도 안 한 채 아이를 남겨놓고 며칠 동안 연수를 받으러 왔다는 것이다. 그녀의 사정을 듣고, 나는 이렇게 제안하였다.

"그렇다면 남편 분에게 고맙다고 해보세요. 당신이 연수에 와 있는 동안, 남편 분이 아이를 돌보고 있을 것 아닙니까? 아주 고맙지 않습니까?"

"……. 고맙다는 말을요?"

"그렇습니다. 문자로라도 고맙다는 말을 보내보세요."

오후 연수 시간에 그녀는 열심히 문자 내용을 생각하는 듯했다. 아마 내 조언대로 남편에게 문자를 보낸 것 같았다. 쉬는 시간, 다시 그녀가 나를 찾아왔다.

"이와이 선생님, 남편이 답신을 보내왔어요."

"뭐라고 하시던가요?"

"걱정하지 말고, 연수 잘 받고 오라고요."

"이혼하려는 부부 간의 대화가 아닌데요. 그건 그렇고, 남편 분 문자에 다시 고맙다고 보낼 수 있겠는데요."

"네. 당장 보내야겠어요."

연수 기간 동안, 그녀는 남편과 몇 차례 문자를 주고받은 듯했다.

나중에 그녀는 "이혼 얘기는 없던 것이 되었어요."라고 나에게 알려왔다.

"고맙습니다."

고맙다는 말은 이처럼 이혼 위기를 맞이한 부부 간에도 관계를 호전시키는 커다란 힘을 지니고 있다. 물론 고마운 마음을 직접 말로 표현해도 좋지만, 메일이나 편지 등 기록이 남는 방법으로 전하면, 반복해서 읽을 수 있기 때문에 상대방 마음에 고마움의 메시지가 되살아나는 효과가 있다.

또 고맙다는 말에는 자신이 고마워하면 상대방도 고마워하는 부메랑 효과가 있다. 고맙다는 말을 듣고 불평을 토로하거나 클레임을 거는 사람은 없을 것이다.

그러나 우리는 고맙다는 말을 하는 데 익숙하지가 않다.

예를 들면, 당신은 문이 닫히려는 승강기에 급히 뛰어 들어가려고 한다. 그때 누군가가 '열림' 버튼을 눌러준다면, "죄송합니다."라는 인사말이 먼저 튀어나올지도 모른다. 하지만 그 표현은 고마운 마음을 나타내는 것이 아니라, 사과하는 말이다. 자신도 모르게 "죄송합니다."라고 했더라도 바로 "고맙습니다."라는 한마디를 덧붙여보자. 사과만 했을 때보다 사과에다가 고마운 마음을 더했을 때, 상대방에게 더 큰 용기를 줄 수 있다.

'결점 지적'은
최악의 수단

고맙다는 표현이 아니더라도 상대방에게 용기를 줄 수 있는 방법이 있다. 여기서는 또 다른 대표적인 방법들을 소개하고자 한다.

우선 '장점을 언급'해야 한다.

장점을 언급한다는 것은 상대방의 좋은 점에 관심을 가지고, 상대가 하는 행위가 바람직하다는 사실을 말로 전달하는 것을 의미한다. 다시 말해, "아주 좋아!" 하고 말로 전하는 행위이다. 장점을 언급하는 행위는 보수나 복종을 요구하지 않는다. 그리고 상대방을 평가하거나 조종하는 효과가 적다는 점에서도 칭찬과는 전혀 다르다.

'장점을 언급하는 행위'에 정반대되는 것이 '결점을 지적하는 행위'이다.

구체적으로는 상대방의 부족한 점에 주목해서 비방하거나 비난하는 것이다. '장점을 언급'하는 건 어색해도 '결점을 지적'하는 말을 쉽게 하는 사람을 많이 보았을 것이다. 주변을 잘 관찰해보면 직장에서 회의나 미팅, 보고나 연락, 의논하는 자리에서 우리는 놀랄 정도로 '결점을 지적'하는 경향이 강하다는 사실을 알 수 있다.

한 배우의 초대로 연극을 보러 간 적이 있었다. 그런데 원래 주연이었던 배우가 건강상의 이유로 공연을 못 하고, 대역 배우가 무대에 올랐다. 그래도 모처럼의 연극이라는 생각에 관람을 하는데, 대역 배우가 대사를 틀리면서 주변 분위기도 위축되는 바람에 공연은 형편없었다. 그날은 왠지 극장이 몹시 작아 보였다. 나는 공연에 초대해준 친구를 찾아서 물었다.

"오늘 본 연극, 너무하잖아. 주인공이 아파서 못 나온 건 아니지?"

"맞아. 연출가가 사사건건 지적하며 얼마나 말이 많은지,

결국 싸워서 그만뒀어."

"역시나."

"오늘은 미안해. 다음에 또 공연이 있으면 꼭 와줘. 초대할게."

"또 오늘 같은 공연이라면 사양이야."

"다음에는 꼭 기대에 부응할게."

나는 그를 믿기로 하였다.

나중에 또 연극을 보러 갔는데, 지난번과 똑같은 극장인데도 아주 넓어 보였다. 물론 공연도 아주 훌륭했다. 아주 만족한 나는 다시 그 친구를 붙잡고 이야기했다.

"깜짝 놀랐어. 저번과 전혀 다르던데. 정말 훌륭했어."

"그렇지? 이번에는 미국인 연출가인데 '그건 아니다'라는 지적을 안 하거든. 우리 배우들이 자신이 그린 연기 이미지를 말하면 '그렇게 해!' 하고 지지해줘."

배우의 훌륭한 연기를 끌어냈듯이 장점을 언급하는 행위는 사람의 능력을 끌어올리는 커다란 힘을 가지고 있다. 누군가가 자신의 좋은 점을 찾아내서 말해주면, 모두 최선을 다해서 노력하게 된다. 장점을 언급하는 행위는 상하관

계가 아니라, 대등한 관계에서 작용하기 때문에 칭찬과는
다르다. 다시 말해, 장점을 언급하는 행위는 상대방에게 용
기를 주는 데 아주 커다란 효과를 발휘한다.

'결과가 전부'라는
생각을 버린다

용기를 주는 또 다른 방법은 '과정을 중시하는 것'이다. 이것은 '결과가 전부'라는 생각과는 정반대되는 사고다. 모든 일에는 과정과 결과가 있다. 그런데 이 과정과 결과는 항상 일정한 관계에 놓여 있지 않다.

이해를 돕기 위해서 예를 들어보자. 당신이 처음 수영을 배우기 시작했다고 가정해보자. 당신은 숨을 쉰다거나 다리를 움직이는 연습에 온힘을 다하지만, 노력에 비해 좀처럼 향상되지 않는다. 그래도 굴하지 않고 연습을 하다 보면 어느 틈엔가 물속에서 다리가 바닥에 닿지 않고 수영할 수 있는 순간이 찾아온다.

처음에는 25미터를 수영하는 것이 힘들고 시간도 오래 걸린다. 그런데 매일 연습을 하다 보면 조금씩 시간이 단축된다. 그리고 결국엔 노력한 결과가 눈에 띄게 나타났다는 사실을 실감할 수 있다.

하지만 그만한 노력을 했다고 해서 언제나 그 노력에 부응하는 성과를 얻는 것은 아니다. 그럼에도 용기 부여를 할 줄 모르는 사람은 결과만 보고 "대체 뭘 하는 건지." 하면서 상대방을 비난한다. 하지만 과정을 중시하면 상대방에게 다음과 같은 말을 할 수 있다.

"참 열심히 하는구나. 노력을 많이 한 걸 알겠어."

"너는 실감이 안 되겠지만, 3개월 전에 비하면 정말 많이 좋아졌어."

과정을 중시하면 설령 상대방이 윗사람이더라도 용기를 주는 일이 어렵지 않다.

예를 들면, 20대 부하직원이 IT에 익숙하지 않은 상사에게 파워포인트 사용법을 가르친다고 하자. 그런 경우에도 부하직원이 상사에게 자연스럽게 용기를 줄 수 있다.

"이렇게 꾸준히 노력하시다니, 정말 대단하세요."

"뭐든 정말 열심히 하시는 모습이 존경스럽네요."

달성한 성과보다도 그 일에 임하는 자세를 인정하는 것이므로 단순히 치켜세우는 것과는 다르다. 즉, 과정을 중시함으로써 지위에 상관없이 용기를 줄 수 있다.

인간관계를 망치는
'용기 꺾기'

용기 부여와는 정반대가 되는 행위가 있다. 바로 어려움을 극복하려는 노력을 꺾는 '용기 꺾기'다. "처음 들어보는데." 라고 말하는 사람도 있겠지만, 실은 의외로 많이 발생한다. '용기 꺾기'를 하는 사람은 다음과 같이 행동한다.

1. 상대방의 단점을 지적한다
2. 감점주의로 사물을 파악한다
3. 지나치게 높은 목표를 설정한다
4. 실패를 철저하게 비판한다
5. "다 너 때문에 망쳤어."라고 일방적으로 단정 짓는다

한 회사의 과장은 부하직원이 기획서를 제출하면 퇴짜부터 놓기로 유명했다. 기획서 내용을 자세히 검토하지도 않고 일단 "완전 엉망이야.", "다시 해와." 하면서 뿌리친다. 그러자 한 부하직원이 설명을 요구하며 물고 늘어졌다.

"어디가 어떻게 안 되는지, 알려주십시오."

"그런 건 일일이 묻지 마. 네가 생각해!"

부하직원은 다시 기획서를 제출하지만, 과장은 같은 소리만 되풀이할 뿐이다.

"아직도 모르겠나? 달라진 게 없잖아."

"그래도 수정한 겁니다."

"도저히 안 되겠어. 너, 정말 대학을 나오긴 한 거냐?"

바로 용기를 꺾는 전형적인 상황이다. 어쩌면 당신의 직장 상사와 비슷할 수도 있다.

인간관계가 순탄하지 않다고 느꼈을 때를 살펴보면, 상대방이 용기를 꺾고 있는 경우가 많이 있다. 사실 용기를 꺾는 사람은 자기 자신에게 용기가 없는 사람, 자신감이 없는 사람이다. 스스로 어려움을 극복할 활력이 없기 때문에 남에게 용기를 주지 못하고, 공격을 하는 것이다.

"공격적인 사람은 마음속에 두려움을 가진 사람이다."

나는 어떤 책에서 위와 같은 문장을 읽고 깊이 수긍한 적이 있다. 남을 공격하는 사람, 용기를 꺾는 사람은 나약한 자기 자신이나 타인을 두려워한다. 공포로부터 자신을 지키기 위해서 공격적인 태도를 드러내는 것이다. 그렇게 생각하면 '용기 꺾기'를 하는 사람은 두려워할 상대가 아니라는 사실을 알 수 있다.

따라서 용기를 꺾는 사람이 무슨 말을 할 때마다 일일이 대꾸하거나 다투는 건 어리석다는 생각이 든다. 그런 사람을 만나면 그 사람의 말에 일희일우하기 전에 '이 사람은 용기가 없구나.' 하고 생각해보자. 그러기만 해도 상대방에게 좌지우지되는 일은 사라질 것이다.

'왜, 어째서 공격'은
미움만 살 뿐

혹시 당신이 현재 '인간관계가 순탄하지 않다'고 고민하고 있다면, 당신 자신이 '용기를 꺾는' 사람이 되어 있을 수도 있다. 그런 사람은 다른 사람의 실패에 '왜, 어째서 공격'을 하는 경향이 있다.

예를 들면, 부하직원이 업무상의 실수로 상사에게 혼나는 장면을 본 적이 있는가?

"제 부주의로 납품이 하루 늦어졌습니다."

"왜 하루가 늦어졌나?"

"죄송합니다."

"죄송합니다가 아니라, 어째서 실수를 했는지를 묻고 있
잖나."

"그게, 수첩에 납품 날짜를 잘못 기입했습니다."

"왜 잘못 기입했나? 왜 자네만 번번이 실수를 하지?"

"더 주의를 기울였어야 했는데……. 앞으로 조심하겠습
니다."

"조심하는 게 문제가 아니라, 어째서 근본적인 원인을
찾으려고 안 하나? 정말이지……."

이렇게 되면 부하직원은 어떻게 될까. 필시 무언가를 할
의욕이 사라지고, 다시는 도전할 마음이 들지 않을 것이다.
부하직원은 상사가 싫다고 의식하게 되고, 인간관계가 껄
끄러워지기 시작한다. 그리고 최종적으로는 상사와 부하직
원 사이에 커다란 틈이 생겨난다.

제1장에서도 서술했듯이 인간관계에서 실패는 도전의
증거이며, 우리는 그 실패에서 얼마든지 긍정적 가치를 찾
아낼 수 있다. 그렇기 때문에 다른 사람의 실패도 수용하
는 자세야말로 인간관계에서 서로 용기를 주는 출발선
이 된다.

부하직원뿐 아니라, 주변에서 실패를 겪고 풀이 죽은 사람을 보면 건설적으로 행동할 수 있게끔 용기를 주고 싶어진다. 만약 당신에게 부하직원이 있다면, 다음과 같이 말을 건네보면 어떨까.

"이번에는 잘 안 됐지만, 이처럼 어려운 일에 도전을 했다는 것에 의미가 있잖은가."

"자네는 실패를 통해서 무엇을 배웠나?"

"다시 비슷한 일이 생기면 뭘 주의해야 할까?"

목표를 달성하기 위해서 실패한 경험을 잘 살리는 것이 더 좋은 인간관계를 맺는 첫걸음이다.

인간관계를 망치는
여섯 개의 단어

가장 이상적인 상황은 자신과 상대방에게 용기를 주고, 건설적인 인간관계를 맺는 것이다. 그런데 의외로 우리는 용기를 주겠다면서 잘못된 말, 즉 용기를 꺾는 말을 자신도 모르게 함으로써 인간관계를 악화시키거나 신뢰관계를 해치곤 한다. 평소 무심결에 다음과 같은 말들을 사용하지는 않는지, 평상시의 말투를 체크해보자.

1. "하면 된다."

청소년 야구에서 어느 팀의 코치가 수비 연습을 위해 공을 쳐서 보내고 있었다. 아이들은 열심히 연습했지만, 실력은 좀처럼 향상되지 않았다. 어느 날 경기에서 상대 팀의 예리한 타구가 내야 깊숙이 날아가자, 3루스에 있던 아이가 백핸드캐치로 공을 잡았다. 그러더니 재빨리 1루에 공을 던져서 아웃을 만들었다. 그것을 본 코치는 기다렸단듯 3루수 아이에게 소리쳤다.

"거봐, 하면 되잖아."

신뢰하는 사람이 "하면 된다."고 말하면 '인정받았다'는 생각에 용기를 얻는다. 그런데 신뢰관계가 형성되지 않은 사람이 말하면 "평소에는 열심히 안 한다.", "본 경기에만 진지하게 임한다."는 뉘앙스로 들리기 때문에 용기를 꺾는 말이 된다.

2. "힘내라."

나는 2011년에 발생한 동일본대지진 후에 도호쿠[東北] 지방의 피재지를 방문하여 여러 사람들로부터 이야기를 들을 기회가 있었다. 그런데 당시 피재지 사람들이 "힘내요." 하는 말을 듣기 싫다고 한 점이 인상적이었다.

"모두 격려해주려는 마음은 고맙지만, 돌아가면서 힘내라고 말하는 건 듣기 괴로워요."

"저희는 지금도 열심히 힘내고 있어요. 더 이상 어떻게 힘을 내라는 건지……."

"더는 힘내라고 하지 말았으면 좋겠어요."

예를 들면, 큰 야구경기에서 활약하는 이치로 선수도 "힘내세요." 하는 말을 듣는 것이 좋지 않은 모양이다. 자신은 있는 힘껏 열심히 노력하기 때문에 남들이 그런 말을 해도 빤한 소리로 들린다고 한다.

"열심히 했어요.", "열심히 하네요."라고 결과를 인정해서 말을 건네는 것은 용기를 주지만, "힘내요."라고 하는 말은 명령형이기 때문에 상대방을 압박하기도 한다.

3. "괜찮다."

위로는 칭찬보다도 근거가 없는 무책임한 말이다. 장인어른이 병으로 6개월 시한부를 선고받은 적이 있었다. 충격을 받은 아내는 지인에게 그 이야기를 하였다.

"친정아버지가 앞으로 사실 날이 반년밖에 안 남았대요."

지인은 어두운 표정의 아내에게 밝게 말했다.

"괜찮을 거예요. 의사는 항상 최악의 경우를 말하니까."

"아, 그런 거예요?"

"그럼요. 그렇게 걱정하지 않아도 첨단 의학은 우수하니까, 괜찮을 거예요."

지인이 자신 있게 격려를 해주었기 때문에 아내도 괜찮을지 모른다고 생각했다고 한다. 그런데 반년 뒤, 의사의 말대로 장인어른은 세상을 떠났다. 아내의 지인은 아무런 근거도 없이 "괜찮다."고 위로했을 뿐이었다. 지인은 아내의 불안감을 덜어주려는 의도가 있었겠지만, 아무런 근거도 없는 위로 역시 용기를 부여하는 방법으로 적합하지 않다.

4. "굉장하다."

진심으로 감격해서 절로 "굉장해!" 하는 감탄사가 나오는 것은 괜찮다. 그런데 걸핏하면 "굉장해.", "멋져."를 내뱉는 경우 차츰 치켜세우려는 소리로만 느껴진다. 다시 말해, 서서히 신뢰감을 잃게 된다.

5. "부럽다."

"자제분이 도쿄대에 붙다니, 부럽네요."

"한 달이나 해외여행을 가세요? 부러워요."

그런 말을 듣고 순순히 기뻐하는 사람들은 많겠지만, 사실

"부럽다."는 축복하는 말이 아니다.

"당신이 나보다 잘났다는 것을 인정했습니다."라는 질투심을 포함하고 있기 때문이다. 질투심에서 나온 말은 용기를 주지 않는다.

6. "죄송하다."

어느 회의에서 11명의 참석자들에게 내가 직접 차를 따라주었다. 그런데 11명 중 8명은 차를 받아도 아무런 인사가 없었다.

"죄송합니다."라고 한 사람이 2명, 다른 1명은 "고맙습니다."라고 말했다. 나는 "고맙습니다."라는 감사의 말에 감격하였다.

"죄송합니다."는 고마움의 표시가 아니라 사과의 말이다. 고마움을 전하고 싶을 때에는 제대로 고맙다고 해야 용기를 줄 수 있다.

이상으로 대표적인 '잘못된 용기 부여'의 표현을 소개하였다. 이 중에 분명 당신이 무의식적으로 사용하는 말이 있을 것이다. 우선 자신이 평소 어떤 말을 자주 사용하는지 의식해보자.

"나는 할머니에게 '힘내세요'라고 말했는데, 어쩌면 그게 부담이 되셨을지도 모르겠구나."

이처럼 의식함으로써 자신의 말투를 고칠 수 있다.

자신이 건넨 말이 상대방에게 건설적인 영향을 주는지 확인해보는 것도 중요하다.

싫은 상대와 적당히 관계를 유지하기 위해서 "굉장해요.", "근사해요." 등의 말을 연발하고 있지 않은가. 이보다 서로 공통된 목표를 의식하면 훨씬 더 건설적인 말이 나올 수 있다.

상대방의 기분에
좌우되지 않는다

이제 다른 사람에게 용기를 줄 수 있는 말을 잘하게 되었다고 치자. 그런데 용기를 주는 말을 했다고 해서 언제나 상대방이 용기를 얻는 것은 아니다. 용기를 얻게 될 '수신자'인 상대방의 기분이나 상황은 늘 변하기 때문이다.

예를 들면, 당신이 누군가와 데이트 약속을 해서 기다리고 있다고 가정해보자. 상대방이 약속 시간에 조금 늦게 나타났는데 왠지 조금 기분이 안 좋아 보인다. 앞에서 언급했지만, 그럴 때 우리는 '나 때문에 기분이 나쁜가?' 하고 괜한 억측을 하는 경향이 있다.

"뭔가 지루하니, 기분이 안 좋아 보여."

"아무것도 아니야."

"아니야. 역시 이상해. 내가 뭐 잘못했어?"

"아무것도 아니라니까. 상관 마."

"그래도 표정이 안 좋으니까(역시 나 때문이야……)."

이처럼 꼭 데이트가 아니더라도 인간관계 때문에 괴로워하는 사람들은 상대방의 말이나 행위, 기분, 감정, 고민, 문제, 성격 등에 지나치게 영향을 받는다. 그렇지만 사실 상대방은 전날까지 야근이 이어졌던 것뿐인지도 모른다. 아니면, 전혀 다른 일로 기분이 상했을 수도 있다. 앞에 서술했듯이, 상대방 기분과 당신의 문제는 대체로 아무 관계가 없다. 자신과 관계가 없는데 혼자 고민을 한다는 건 매우 안타까운 일이다.

두 사람이 함께 해결할 수 있는 '공동 과제'를 찾는다

진정한 인간관계를 쌓으려면 먼저 자기 긍정감을 명확히 하고, 자신의 과제와 상대방의 과제를 분리해야 한다.

'상대의 기분, 감정, 행동은 내 책임이 아니다.'

'상대에게는 상대방의 사정이 있다.'

이렇게 발상만 분리해도 마음이 훨씬 편해질 것이다. 발상과 과제를 분리한 후 건설적인 관계를 위해 '공동 과제'를 찾아보자.

다시 앞의 데이트 예를 살펴보자.

먼저 상대방의 과제와 자신의 과제를 분리한 다음에 공

동 과제를 찾으면 된다.

"뭔가 지루하니, 기분이 안 좋아 보여."

"아무것도 아니야."

"졸려 보여서 걱정하는 거야."

"미안. 실은 요즘에 계속 야근을 했더니 피곤해서 그래."

"그랬구나. 그럼 오늘은 놀이동산에 가는 건 그만두고, 공원에서 느긋하게 있는 게 어떨까?"

피곤한 것은 과거에 일어난 상대방의 과제이지만, '더 이상 피곤하지 않게 한다'는 두 사람이 함께 실천 가능한 공동 과제이다. 공동 과제를 함께 해결하려고 노력함으로써 두 사람의 관계도 돈독해진다. 모든 것은 "내가 도와줄건 없어?" 같은 작은 말 한마디에서 시작된다.

'피곤한 것은 나 자신과는 상관이 없다'(과제의 분리)를 '상대방과 기분 좋게 시간을 보내려면 어떻게 해야 할까?'(공동 과제)로 전환해서 생각해야 한다. 그것(공동 과제)을 자꾸 의식해서 노력하다 보면 상대방에게 용기 부여를 잘할 수 있고, 원만한 인간관계를 만들게 된다.

3장

모든 감정은 '목적'에서 생겨난다

모든 감정은
'목적'에서 생겨난다

인간관계에는 아무래도 감정 문제가 따라붙는다. 이 장에
서는 감정을 잘 조절하는 방법을 아들러 심리학으로 배워
보기로 하자. 평소 우리가 품고 있는 감정은 크게 두 가지
로 분류된다.

그것은 바로 '긍정적 감정(플러스 감정)'과 '부정적 감정
(마이너스 감정)'이다.

그리고 이 두 가지 감정에는 각각 '현재', '과거', '미래'라
는 세 가지 시간축이 있다.

예를 들면, '만족감'은 지금 발생한 사건에 대해 느끼는

현재의 긍정적 감정이다. 반면 '분노'는 순간적이기 때문에 현재의 부정적 감정이다. 그렇게 생각하면 감정은 대개 현재라는 시간축으로 분류된다. 성취감이나 축복감, 여유로움, 행복감, 충족감, 친근감 등은 현재의 긍정적 감정이다. 현재의 부정적 감정에는 공포, 질투, 시기, 의심, 초조함, 슬픔, 혼란, 수치심 등이 있다.

한편, 과거에 대한 감정도 있다. 과거를 향한 긍정적 감정은 '그리움'이나 '용서'다. 과거를 돌아보고, 즐거웠던 일을 그리워하거나 원한을 품던 사람을 용서하는 것은 과거의 긍정적 감정이 작용한 결과다. 과거의 부정적 감정은 '후회'나 '원한'이다. 우리는 '그때는 왜 그랬을까?' 하면서 과거를 돌아보고 후회한다. 또는 부모가 예전에 내뱉은 말에 원한을 품는 것도 과거를 향한 감정이다.

이와는 반대로 미래를 향한 감정도 있다. 안도감이나 기대는 미래의 일을 상상함으로써 생기는 긍정적 감정이고, 초조함이나 불안, 걱정은 미래의 부정적 감정이다.

이때 중요한 것은 과거에 대한 원한과 용서, 그리고 미래에 대한 불안과 기대는 각각 동전의 양면과 같다는 점이다.

사소한 조건이나 요소의 변화로 이 두 가지는 어지럽게 반전한다. 또 시간의 경과로도 감정은 변화한다.

예를 들면, 입학시험에서 좋은 결과를 기대했지만, 실패한 직후에는 실망으로 변하는 식이다. 그와 반대로, 별 기대 없이 본 영화가 재미있어서 만족감으로 변한 경험은 모두 있을 것이다.

나는 연수를 받으러 온 참가자들에게 "여러분은 지난 2~3년 동안에 여러 일들을 겪으면서 어떤 감정을 느꼈습니까?" 하고 되짚어볼 기회를 만들고 있다. 그러면 감정에는 각기 개인차가 있다는 것을 알 수 있다. 사람들은 동일한 상황에 직면하더라도 느끼는 감정이 서로 다를 수 있다. 또 현재 중심의 감정을 갖는 사람이 있는가 하면, 미래지향적인 사람도 있고, 과거지향적인 사람도 있다.

단, 공통점은 아들러 심리학에서 말하듯이 이들 감정에는 목적이 있다는 것이다. 아들러는 분노와 기대, 불안은 모두 어떠한 목적을 위해 이용된다고 생각하였다.

그리고 그는 감정은 조절이 가능하다고 주장한다.

왜냐하면 감정이 사람을 움직이는 것이 아니라, '사람

이 감정을 이용한다'는 사상을 바탕으로 하고 있기 때문이다. 우리는 감정을 목적과 TPO(Time, Place, Occasion의 머리글자로 시간, 장소, 상황을 의미함-옮긴이)에 따라 나누어 사용한다. 싫다는 의식, 호불호라는 감정에 절대로 지배되고 있는 것이 아니다. 언뜻 자신의 힘으로 어떻게 할 도리가 없을 것 같은 감정도 반드시 자신의 의사로 조절이 가능하다.

감정은
스스로 조절할 수 있다

그러면 어떻게 해야 감정을 조절할 수 있을까?

그 방법에는 다음 두 가지가 있다.

첫째, 사고로 조절한다.

분노에 찬 사람을 상상해보자.

분노에는 상대방을 지배해서 원하는 대로 움직이게 하려는 목적이 있다. 상사와 부하 관계에서 야단치고, 야단맞을 때 흔히 나타나는 형태다. 두 사람 사이에 복종관계가 고정되어 있지 않으면, 주도권을 쟁탈하는 과정에서 분노라는 감정을 이용하는 경우가 있다. 텔레비전 드라마 등에서도 일방적으로 비난받던 사람이 돌연 분노를 폭발시켜서 주도권을 잡는 장면을 본 적이 있을 것이다.

또 '이래야 한다', '이러지 않으면 안 된다'는 정의감에 분노를 터뜨리기도 한다. 텔레비전을 보다가 "저 정치가는 세금을 낭비하고 있잖아!" 하고 분노하는 사람은 자신의 정의감에 반한 행위에 화를 내는 것이다. 하지만 모든 분노는 사고를 통해 확실하게 조절할 수 있다.

여기서 내 경험을 한 가지 소개하겠다.

한 은행에서 현금자동입출금기(ATM)를 사용하려고 했을 때다. 기기는 두 대가 있었고, 이용자들은 한 줄로 서서 차례를 기다리고 있었다. 10여 분쯤 지났을 무렵, 간신히 내 차례가 돌아왔다. 내가 현금자동입출금기(ATM)를 쓰려는 찰나, 생각지 못한 일이 벌어졌다. 20살 정도 되는 청년이 불쑥 끼어들더니, 현금자동입출금기(ATM)를 사용하려고 하는 것이다. 나는 격앙되어 소리를 버럭 질렀다.

"당신, 뭐요! 모두 줄 서 있는 게 안 보입니까!"

점잖지 않은 대응이었지만, 나는 '줄을 서야 한다'는 정의감에서 분노를 드러낸 것이다. 하지만 냉정하게 생각하면 나는 감정을 조절할 수 있었다. 만약 새치기를 한 인물이 2미터 정도 되는 키에 몸집은 격투기 선수 같았다면 어땠을까? 나는 그처럼 거세게 화를 내지 않았을 것이다.

즉, 순간적으로 나 스스로 분노라는 감정을 선택한 것이다. 역으로 말하면, 분노의 감정은 사고를 통해 조절할 수 있다. (분노 조절은 나중에 상세히 설명하겠다.)

둘째, 행동으로 조절한다.

최근에 나는 녹음을 할 일이 있었다. 75분이나 혼자서 이야기를 해야 하기 때문에 전날 밤늦게까지 원고를 정리하였다.

'녹음을 잘할 수 있을까?'

'원고는 시간에 충분할까?'

'내가 빠트린 것은 없을까?'

실제로 녹음할 때까지 나는 한없이 초조하고 불안했다. 하지만 무사히 녹음을 마친 뒤 생각해보니 준비를 자꾸만 미루었기 때문에 초조했던 것임을 알 수 있었다. 수일 전부터 미리 원고를 작성하며 준비를 시작했다면, 그처럼 초조해하지 않고 녹음을 할 수 있었을 것이다. 즉, 행동을 어떻게 하느냐에 따라서 감정도 조절이 가능하다는 이야기다. 할일을 미룬다는 것은 필연적으로 불안이라는 감정이 뒤따를 수밖에 없다.

행동으로 감정을 조절한다는 것은 다른 경우에도 다양하게 적용될 수 있다. 남의 눈치를 자꾸 보게된다거나, 자신감이 없다거나, 화가 난다거나 하는 등 모든 감정에는 원인이 있다. 그 감정의 원인을 찾아 행동을 바꾼다면, 얼마든지 감정도 바꿀 수 있다.

인간관계가
부닥칠 때의 감정

누군가 싫은 사람이 있을 때, 그 싫다는 의식 속에는 '열등감'이 크게 자리 잡고 있다. 열등감이란, 분노나 불안, 초조함, 원한, 질투, 원망 같은 마이너스 감정을 총칭한다. 그렇다면 왜 사람은 열등감을 가질까? 가장 큰 원인은, 남들과 비교하기 때문이다.

'저 사람은 결혼해서 애도 있는데, 나는 아직 독신이야.'

'쟤는 출세해서 능력을 발휘하는데, 나는 원치 않은 부서로 이동하게 됐어.'

이처럼 타인과 자꾸 비교하다 보니 본인이 상대방에게 뒤처져 있다고 생각하기 때문에 열등감이 생긴다. 특히 자신보다 별로 잘난 것이 없다거나 축복받은 조건, 환경을 가진 사람에게 강한 열등감을 가지기 쉽다. 뒤집어보면, 사실 자신은 상대방과 동일 선상에 있고 싶다는 목표가 있는데, 현재 상황은 그렇지 않다는 뜻이다. 즉 목표와 현재 상황의 괴리에 괴로워하는 것이다.

'그 사람에게는 지고 싶지 않아. 하지만 지금 상황에서는 졌다는 걸 인정 안 할 수가 없어.'

또는 '정식으로 붙으면 나만 비참해질 뿐이야.'

이처럼 패배를 인정하지 않고 회피하려는 감정이 '저 사람은 싫어.', '도저히 좋아지지가 않아.'라는 거리감으로 나타난다.

열등감은
'더할 나위 없이 소중한 벗'

그렇게 생각하면 열등감은 좋지 않은 감정으로 파악될 수 있지만, 열등감에도 플러스 의미가 있다. 아들러 심리학에서는 절대 열등감을 부정하지 않는다. 아들러는 열등감은 더할 나위 없이 소중한 벗이라고 간주한다. 도대체 어떻게 된 일일까?

자신이 상대방에게 지고 있다고 느꼈을 때, 우리는 두 가지 방향을 설정할 수 있다.

하나는 상대방과 같은 영역에서 겨루는 것이다.

예를 들어, 자신보다 출세한 친구들이 부러우면, 그들을 추월할 수 있게 노력하면 된다.

다른 하나는 상대방과는 차별화된 영역에서 노력하는 것이다.

예를 들면, 직장에서 출세하길 바라는 게 아니라, 자원봉사를 열심히 해서 모두에게 공헌하는 존재가 되는 것도 한 가지 길이 될 수 있다.

다시 말해, 아들러는 열등감이 자신을 한층 성장시키기 위해 분발할 수 있는 계기가 된다는 점에 착안하였다.

나는 고교시절에 싫어하던 친구가 한 명 있었다. 그는 공부를 안 하는 것 같은데도 시험을 보면 항상 나보다 성적이 좋았다. 나는 공부로는 그를 당할 수 없다는 사실에 열등감을 느꼈고, 그와 거리를 두고 지냈다.

하지만 그의 존재는 내 노력의 원동력이기도 했다. 그를 경쟁자로 보고 오로지 그에게는 지고 싶지 않다는 일념으로 공부한 결과, 그와 학부는 달라도 같은 대학에 진학할 수 있었다. 싫은 사람이 존재하고, 남에게 열등감을 느끼는 것도 인간이 지니는 건전한 마음의 작용이다. 상대방에게 열등감을 느꼈다면, 적당히 거리를 두면서 속으로 경쟁자로 여기고 자신의 역량을 높이는 것도 한 방법이다.

'좋아요!'를 많이 받지 못하면 왠지 불안하다

우리는 누군가가 싫더라도 그러면 안 된다는 생각에 자신을 괴롭힌다.

그 감정의 이면에는 다음 두 가지 마음이 작용한다.

하나는 '동조 압력'이다. 이것은 다른 사람들과 같아야 한다는 생각을 말한다.

'모두 그와 사이좋게 지내니까 나도 친하게 지내야 돼. 나만 그가 싫다면 나한테 문제가 있는 건 아닐까?'

다른 하나는 '승인 욕구'다. 아래와 같이 모두에게 인정받고 싶다는 강박관념을 말한다.

'모두 나를 좋아했으면 좋겠어. 미움받고 싶지 않아. 한 사람이라도 사이가 안 좋으면 겁이 나.'

모두 아들러 심리학에서 보면 제2장에서 서술한 '용기가 꺾인 사람'이다. 아들러 심리학에서는 개개인은 개성 있고 더없이 소중한 존재라는 점을 전제로 하고 있다. 당연히 사람들은 모두 다르기 때문에 다른 사람들과 똑같이 하는 것은 애당초 무리가 있다.

당신은 그동안 살면서 만난 사람들 모두와 친하게 지냈는가? 진학하고, 전학을 가고, 취직하고, 이직을 해도 반드시 싫은 사람이 있지 않았는가? 거듭 말하지만, 사람들에게는 궁합의 법칙이 있다. 평범하게 살아도 전체의 20퍼센트 정도는 싫은 사람이 생긴다. 그렇기 때문에 '모든 사람들을 좋아하겠다.'라는, 무모하기까지 한 목표를 세우는 일은 이제 그만두자.

대신 자신은 남들과 달라도 된다고 받아들이자.

좋은 사람도 있지만, 싫은 사람도 있다.

설령 누군가가 싫더라도 일에서는 동료로서 협력할 수 있기에 굳이 좋아하려고 애쓰지 않아도 된다.

그리고 남에게 인정받고 싶다는 바람도 버리도록 하자.

'페이스북 친구가 적으면 나 스스로 가치가 없는 사람처럼 느껴진다.'

'[좋아요!]를 많이 받지 못하면 왠지 불안하다.'

그런 생각에서 필사적으로 SNS상에서 사람들과 관계를 맺으려고 하고 있지 않은가? 그런 일에 귀중한 하루 시간의 대부분을 쓰고, 허무해하거나 괴로워하고 있지는 않은가. 모두 자신을 좋아하게 만들기 위해 노력하는 일도 끝이 없고, 애당초 모두가 자신을 좋아하게 만드는 일 또한 불가능하다. 그렇기 때문에 나를 좋아해줄 사람들만 나를 좋아하면 된다.

정말 소중한 친구가 나를 좋아해주기를 바라며 노력한다. 애인한테는 사랑을 받으려고 노력한다. 그것만으로 충분하다.

관계가 껄끄러우면
'사선'에서 이야기한다

특히 업무상의 인간관계에서는 상대가 싫어서, 대하기 불편해서 일이 잘 안 풀린다는 변명은 통용되지 않는다. 상대가 싫고 대하기 불편하더라도 팀의 생산성을 높일 필요가 있다.

관계가 껄끄러운 사람과는 굳이 그를 좋아하려고 애쓰지 말고, 그 상태를 유지하는 것도 하나의 지혜다. 싫은 상대와 일을 할 때에는 '협력한다'는 자세로 대하도록 하자. '협력(協力)'이라는 한자를 보면 '힘 력(力)' 자를 더해서 더 큰 하나의 힘이 되어 있다는 것을 알 수 있다.

다른 사람과 협력하려면 ① 공통 목표 ② 공헌(참가) 의

욕 ③ 커뮤니케이션, 이 세 가지가 필요하다. 최소한의 커뮤니케이션을 취하면서, 서로 관계를 맺고, 공통 목표를 향해서 힘을 합쳐 행동하는 것이다.

상대방과 관계가 어긋나 있더라도 대하는 방법은 얼마든지 생각해볼 수 있다.

한 회사 부장님의 상담을 예로 들어보겠다.

그녀에게는 부하직원이 여러 명 있었는데, 그중 한 사람과 관계가 껄끄러워서 고민이었다. 그 부하직원은 업무에서는 나름대로 성과를 내는 타입이었지만, 실은 부장인 그녀 앞에서만 열심히 하는 척 할 뿐이었다. 그녀의 시선이 닿지 않는 곳에서는 날림으로 일을 하고 있었다. 그녀는 자신의 평가에만 신경 쓰며 행동하는 부하직원을 어떻게 다룰지 고민하는 듯했다. 어느새 그 부하직원을 대하는 일도 불편해졌다고 한다.

그래서 나는 그녀에게 그 부하직원을 포함해 여럿이서 함께 이야기할 자리를 가지라고 제안했다. 일대일로 대하면 부하직원을 나무라는 분위기가 조성되기 때문에 상사두 명, 부하직원 세 명 등 여럿이서 대화를 나눌 기회를 갖고, 솔직하게 이야기를 하는 것이다. 그러면 부하직원의

'인정받고 싶다'는 욕구는 분산된다.

또한 부장 한 사람이 아니라, 다른 상사나 동료, 후배도 자신의 일하는 모습을 평가하고 있고, 같이 협력해서 일을 해가는 관계라는 점을 깨닫는다. 일대일로 주의를 줘도 부장이 보지 않는 곳에서는 그 부하직원은 또 날림으로 일할 게 불 보듯 뻔하다. 그런데 이처럼 팀의 힘을 빌림으로써 모두 힘을 합쳐 공통 목표를 달성하는 데 협력하게 만들 수 있다.

이 방법을 응용해서 싫은 사람이 있을 때에는 방식을 조금 바꿔서 대면해볼 수도 있다. 예를 들면, 마주보고 앉으면 상대방과 대립하는 분위기가 생기기 때문에 긴장되어 이야기를 하기 어렵다. 그럴 때에는 상대방과 사선이 되게 자리를 옮기면 위압감도 적어져서 편해진다.

역으로, 사람은 무의식적으로 정면으로 마주 앉으면 상대방 말에 반론하기 쉽지만, 사선이나 옆에 앉으면 반론하기 어려운 심리가 작용한다.

또는 화이트보드나 자료 등에 의제를 써두고 진행하는 것도 한 방법이다. 이렇게 관계나 환경을 바꿈으로써 상대방이 싫더라도 서로 협력할 수 있는 관계를 만들 수 있다.

불안이라는 감정은
나를 지키기 위한 신호

"싫은 동료와 같은 프로젝트에 참가할까 봐 불안해요."

"저는 처음 사람을 만나는 것이 너무도 어색하고 불편해요."

사람들과 관계를 맺는 일을 불안하고 불편해하는 사람들이 의외로 많다. 그 불안은 앞에 서술했듯이 장차 일어날 미래에 대한 감정이다. 조금 더 상세히 정의하면 다음과 같다.

'머지않아 과제에 직면하게 되지만, 과제 자체가 명확하지 않아서 (대처해야 한다고 생각하면서도) 충분한 대처가 안 되었을 때 품는 감정.'

예를 들면, 나이 차가 나는 부부가 다음과 같은 대화를

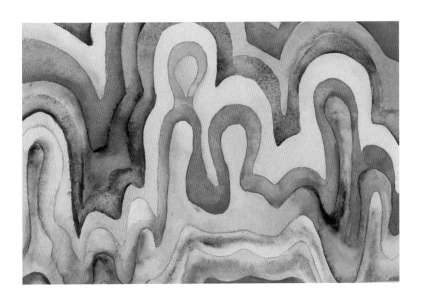

나누는 일이 있다.

"당신은 나보다 먼저 가겠죠?"

"글쎄, 나와 당신은 열 살이나 차이 나니까 그럴지도 모르지."

"당신은 상속 걱정을 안 하는데, 갑자기 무슨 변고라도 생겨서 아이들이 서로 다투기라도 하면 큰일이잖아요. 나는 그런 건 싫어요."

"그런가? 그런 일도 생각해야 하나?"

다시 말해, 남편은 미래에 대해 별로 불안감이 없지만, 아내는 남편보다 불안해한다. 하지만 불안감이라고 해서 결코 나쁜 것은 아니다. 불안이라는 감정은 자신을 지키거나 행동을 촉구하는 역할을 한다. 자신을 위해 공부하고, 가족을 위해 상속 준비를 하는 등 더 잘 살아가기 위해 우리는 불안이라는 감정을 이용하며 살고 있다.

인간관계에서도 어떤 사람과 이야기를 하는 것이 부담스럽다는 불안감은 자신을 지키기 위한 신호일 수 있다. (진화론적으로도 불안감이라는 감정 덕분에 모든 생물은 살아남을 수 있었다.) 그 사람과 대화를 잘 나누기 위해 마음의 준비가 필요한 것이다. 그리고 실제로 '무슨 이야기를 할까?', '어떻게 대할까?'를 생각함으로써 그 사람과 어색해지지 않게끔 준비하면 되는 것이다.

불안감은 인간관계를 키우는
중요한 양분

불안감은 지극히 인간적인 감정이다. 개나 고양이는 불안
감을 가지고 살지 않는다. 따라서 불안감을 느낀다는 것은
고도의 생물이라는 증거다. 불안해서 준비를 한다는 것은
오히려 칭찬받아 마땅한 일이다. 다만, 지나친 불안감에 대
해서는 다시 한 번 생각해봐야 한다.

『나의 성공 지도(Your Road Map for Success)』라는 책을
보면, 존 맥스웰이라는 미국 목사가 미시건 대학에서 불안
감의 합리성에 대해 연구한 결과가 인용되어 있다. 그에 따
르면, 인간의 불안감 중 60퍼센트는 아무 근거가 없다
고 한다.

20퍼센트는 과거에 이미 일어난 일에 대한 불안감, 10퍼센트는 전혀 영향력이 없는 불안감, 5퍼센트는 막연한 불안감이다. 그리고 실제로 일어날 가능성이 있는 불안은 나머지 5퍼센트에 불과하다는 것이다. 이처럼 불안감이 실현될 가능성은 지극히 낮다는 점을 명심하자.

그리고 인간관계에서 불안해졌을 때 그것은 사람들과 잘 어울리기 위해 필요한 마음의 작용이라 이해하고 심각하게 받아들여서는 안 된다. 아들러 심리학은 그러한 근거 없는 일에 휘둘리지 않고 확실한 목표를 가지고 미래로 나아가기 위한 발판이 되어준다.

복수하고 싶은 감정, 원한

이번에는 싫은 사람에게 당했던 지난 처사에 대한 '원한'이라는 감정을 살펴보자.

원한이란, 상대적인 강자에게 복수하고 싶다는 감정이다. 상대적인 강자란 어린이에게는 부모, 부하직원에게는 상사 등이 된다. 나는 부모에게 가정 폭력을 휘두르는 자식들을 많이 만나면서 그들이 모두 큰 원한을 품고 있다는 사실을 알았다. 예를 들면, 어릴 적 아버지로부터 학대를 받고 자란 A군은 고등학생이 되어 아버지보다 몸집이 커지자, 그동안 쌓인 원한이 폭발하여 아버지에게 폭력을 휘두르게 되었다.

원한이라는 감정은 쉽게 속죄되지도, 치유되지도 않는다.

가정 폭력을 당한 아이들 중에는 부모에게 무릎을 꿇으라고 요구하는 경우도 있다. 부모가 잘못을 인정하고 무릎을 꿇으면 이번에는 금전을 요구한다. 그 돈을 다 쓰면 다시 원한 감정이 나와서 무릎을 꿇게 하고 금전을 요구한다. 그들은 이구동성으로 "이런 것으로는 속죄가 되지 않는다."라고 말한다. 이로써 원한에는 끝이 없다는 것을 알 수 있다.

당신은 상사와 부모에게 원한을 품고 있지 않은가? 원한이라는 감정에 휘둘리고 있지 않은가? 원한을 품으면 용기가 꺾이고 상대방과의 관계도 악화되기 때문에 당사자들만으로는 해결하기가 어려워진다.

특히 가정 폭력 등의 사례는 제3자가 관여할 필요가 있다. 내가 상담을 의뢰받았을 때에도 어디까지나 제3자의 입장에서, 부모자식 간의 조율자로서 서로의 이해관계를 조율하려고 하였다. 부모자식 간의 관계가 악화되어 도무지 조율이 어려운 상황이라면 변호사나 경찰이 관여해서

법적으로 해결할 수밖에 없다.

앞에 언급했듯이 감정은 스스로 조절이 가능하지만, 아무리 복수해도 원한 감정이 충족되지 않는 단계까지 이르면, 혼자서는 감당하지 못하게 된다. 만약 당신이 원한 감정이 생겨서 상대방이 싫어졌다면, 반드시 상사 이외의 연장자나 다른 가족을 중개로 하여 커뮤니케이션을 도모해야 한다. 제3자를 조율자로 세우고 싫다는 의식을 개선하기 위해 노력하는 편이 바람직하다.

질투라는 감정

다음은 질투심이다. 질투심은 세 사람의 관계에서 생겨나는 감정이다.

질투라는 감정을 정의해보자.

'타인에 의해 가까운 사람, 또는 자신의 권리를 잃게 될 때, 의혹을 가지고 타인, 혹은 가까운 사람을 배제하거나 가까운 사람을 유지하기 위해서 사용하는 감정.'

질투와 유사한 감정에 '선망'이 있다. 선망이 질투와 다른 점은 선망은 양자관계로 자신도 상대방과 똑같아지고 싶다는 마음이 포함된다는 점이다.

즉, 상대방의 플러스 요소를 인정하고 동경의 시선을 보내는 것이다. 연애에서 발생하는 질투를 생각하면 가장 이해하기 쉽다. 경쟁자에게 연인을 빼앗길 수 있다는 생각만으로 머릿속이 의혹으로 넘치고, 심하면 연인이 전화나 문자만 해도 의심의 눈초리를 보낸다.

그리고 질투심에 사로잡혀서 경쟁자를 배제하고 연인을 구속하려고 한다. 셰익스피어의『오셀로』, 톨스토이의『크로이처 소나타』등 질투를 주제로 한 문학 작품들이 동서고금을 막론하고 수없이 많이 발표되지 않았는가.

아들러의 제자 중에서 가장 우수했던 베란 울프는 질투에 대해 다음과 같이 언급한다.

'질투는 사랑이라는 나무를 휘감아서 가지를 마르게 하고 뿌리까지 못 쓰게 하는 독성의 덩굴과도 같다. 그것이 무성해지면 사랑과 사랑하는 사람은 죽임을 당하고, 사랑의 대상을 노예로 만들고, 그로 인해 사랑은 성립하지 못한다. 그것이 쇠하면 양자에게 불행이 닥친다. 질투는 가장 비인간적이고 파괴적인 감정 중 하나다. 나약한 사람, 겁많은 사람, 무지한 사람이 사용하는 도구이며 비극만 초래할 뿐 아무런 효과도 없다.'

그리고 다음과 같이 이어진다.

'사랑은 대등한 자들 사이에서만 성립한다. 질투는 질투심에 사로잡혀서 감시당하는 사람의 가치를 깎아내리고, 그 사람을 경멸하는 것이다.'

그리고 질투의 대응책도 언급한다.

'질투를 느끼면 자신의 안전기반이 흔들리고 있는지 확인해야 한다.'

질투심을 극복하려면 반드시 상대방과 견고한 신뢰관계를 구축해야 한다. 만약 질투심이 생긴다면 자신은 정말 상대방을 신뢰하는지 다시 확인해보자. 구체적으로는 자신의 마음을 분명하게 전달하는 방법도 있다.

"나는 ○○해서 너한테 질투가 나."

"그래? 그건 오해야."

"하지만 그와 문자를 주고받았잖아."

"자, 문자를 확인해봐. 업무 이야기밖에 없어."

이처럼 신뢰감을 다시 형성함으로써 질투심을 극복할 수 있다.

분노의 이면에 숨어 있는 '1차 감정'

이번에는 분노 조절에 대해 조금 더 살펴보자. 이성을 잃을 정도로 화(분노)가 난다면, 화(분노)의 근원이 되는 1차 감정을 파헤쳐보자. 분노는 2차 감정으로, 그 바탕에는 다른 감정(1차 감정)이 있다.

다음 예를 한번 살펴보자.

결혼한 지 반년이 되는 부부가 있었다. 남편은 독신 시절부터 취미로 다이빙을 하였고, 결혼 후에도 거의 매주 바다로 놀러 갔다. 아내는 바다를 좋아하지 않아서 매번 집에 있었는데, 어느 날 남편에게 따졌다.

"자기는 어떻게 매주 혼자 놀러 갈 수가 있어? 이건 결혼 전과 다를 게 없잖아!"

이때 아내가 이렇게 화를 내는 배경에는 '혼자라서 외롭다'는 1차 감정이 숨어 있다.

동일한 사례로, 애주가 남편에게 화를 내는 아내도 '당신 건강이 걱정'이라는 1차 감정을 내포하고 있다. 그렇기 때문에 당신도 화가 날 때는 1차 감정이 무엇인지부터 찾아보자. 중요한 것은 왜 화가 났는지를 냉정하게 분석하는 것이다.

'쓸쓸하다'는 1차 감정을 알아차리면 그 감정을 솔직히 전달하는 것도 효과가 있다. 앞서 부부의 예에서는 다음과 같은 말을 생각해볼 수 있다.

"실은 전부터 하고 싶은 말이 있었어. 결혼해서 반년 동안 쉬는 날만 되면 당신은 독신 때처럼 다이빙하러 가잖아. 그동안 내가 얼마나 외로웠는데. 데려가 달라고는 안 했지만, 앞으로는 조금만 더 나와 같이 시간을 보내주면 안 될까?"

이렇게 말하는 편이 화를 냈을 때보다 남편과의 관계를 개선시킬 가능성이 높다.

중요한 것은 화를 통해 '자신이 원하는 것이 무엇인지'를 아는 일이다.

'화(분노)'의 목적을 확인함으로써 화가 아닌 커뮤니케이션으로 원하는 바를 달성할 수 있는지 생각해볼 수 있다. 화를 그대로 표출해서 상대방과 다투면 점차 분노가 확대되어 수습이 불가능해진다. 시간 낭비가 되고, 급기야 재판까지 이르게 되면 금전적 손해도 발생한다.

그런데 다툼이라는 선택지는 자신의 의사로 피할 수 있는 것이다. 당신은 자신의 의사로 '공동 과제'를 해결하려는 건설적인 대응을 할지, 아니면 분노라는 감정에 맡긴 채 비건설적인 대응을 할지 선택할 수 있다. 화가 났을 때에는 부디 그 사실을 떠올려주길 바란다.

나에게 상처 주는 사람이
왜 이리 많을까?

'나는 사람들과 잘 어울려 지내고 싶은데, 나에게 상처 주는 사람이 왜 이리 많을까?', '저 사람은 아무런 생각 없이 한 말이겠지만, 상처가 되어 도저히 잊히지가 않네. 시간이 흘러도 그 말이 자꾸 떠올라서 괴롭고 사람을 만나기가 점점 싫어져.' 등등 다른 사람에게 쉽게 상처를 주는 사람이 유독 자신의 주변에 많은 것 같다고 생각해본 적이 있지는 않은가. 나 역시 인간관계로 인해 우울해질 때가 있다. 그럴 때에는 신세를 진 사람이나 선인들이 남긴 말을 되새기면서 지금 자신에게 무엇이 가장 중요한지 떠올려보자.

가령, 나는 영국의 정치가 처칠의 말을 떠올린다.

"돈을 잃은 것은 적게 잃은 것이다. 그러나 명예를 잃은 것은 크게 잃은 것이다. 더더욱 용기를 잃은 것은 전부를 잃은 것이다."

반드시 위인의 말이 아니라도 된다. 그동안 자신을 버티게 해준 사람은 누구인가, 책이나 영화는 무엇인가 등 원점에서 확인해보면 그것들이 자신의 버팀목이 되어준다. 나는 좋아하는 말이나 불교의 가르침, 그리고 가장 중요한 아들러의 가르침을 되짚어봄으로써 괴로운 감정을 많이 극복할 수 있었다. 평소 자신에게 힘이 된 말이나 좌우명 등을 수첩에 적어두면 좋다. 우울할 때마다 수첩을 펼쳐서 소중한 말들과 마주하는 시간을 만드는 것이다.

그 밖에도 그동안 가장 힘들었던 일과 비교해보는 방법이 있다. 누구나 가장 힘들었던 때와 비교해보면 지금 겪고 있는 일이 그보다 더한 일은 아닐 것이다. 지금의 나는 과거에 내 인생 최대의 위기를 극복한 사람이다. 다시 말해, 그보다 못한 일이라면 분명히 극복할 수 있다는 의미다.

'지금은 괴롭지만 예전의 엄청난 일에 비하면 별것 아니니까 어떻게든 대처할 수 있을 거야.'

이처럼 마음을 고쳐먹는 것도 어려운 인간관계를 극복

하는 지혜가 아닐까. 물에 빠지면 지푸라기라도 잡고 물에서 빠져나와야 하듯, 우울과 상처의 늪에서 빠져나올 수 있는 나만의 동아줄을 미리 준비해놓길 바란다.

고독도
하나의 기회가 된다

주변 사람들이 자신의 마음을 알아주지 않으면 사람은 고독감에 휩싸인다. 고독감은 자기 자신의 안심감, 소속감, 신뢰감의 세 가지가 결여되면서 수반되는, '있을 곳이 없다'는 마음을 나타낸 감정이라고 정의된다.

고독은 절대 문제가 되지 않는다. 고독해도 고립된 것이 아니기 때문이다. 고립은 홀로 누구의 도움도 없이 다른 사람과 멀리 떨어진 상태를 가리킨다. 그에 반해 고독은 동료들이 있으면서도 일부 사람들과의 관계에서 있을 곳을 잃었을 뿐이다. 따라서 고독해도 고립되지 않는다면 외톨이가 아니다.

사람은 누구나 반드시 자신을 인정해주는 존재를 갖고 있다. 애당초 고독은 현재의 소속을 일시적으로 잃었을 뿐, 과거와 미래에도 계속 있을 곳을 잃은 것이 아니다. 그렇기 때문에 고독을 필요 이상으로 두려워하지 않아도 된다.

고독감을 느꼈을 때에는 상대에게 공헌함으로써 있을 곳을 만드는 일부터 시작해보자. 내가 회사원으로 있을 때, 한 판매회사에 파견되었다. 그때 몹시 고독감을 느낀 적이 있었다. 그동안 전혀 관계없던 사람들에게 둘러싸여서 나는 외계인 같은 대우를 받았다. 모두 내 일거수일투족에 주목했다. '내 일솜씨를 보겠다'며 일하는 모습을 관찰했던 것이다. 나는 내가 있을 곳을 만들기 위해서 우선 열심히 일을 해 동료와 직장에 공헌하기로 마음먹었다. 작은 친절, 작은 공헌을 거듭함으로써 마침내 주변 사람들에게 받아들여질 수 있었다.

이해를 돕기 위해서 고독한 체험을 잘 활용한 인물을 예로 들어보겠다.

일본 근대문학의 대표작가 모리 오가이[森鷗外, 1862-1922]는 『고쿠라 일기[小倉日記]』라는 작품을 남겼다. 이 소설은 모리 오가이 자신이 고쿠라로 좌천되었을 때의 체험을 일기로 엮은 것이다. 『고쿠라 일기』에서 모리 오가이는 왕성하게 문학을 공부하고, 클라우제비츠의 『전쟁론』을 번역했으며, 가장 많은 벗을 얻기도 했다. 다시 말해, 고독한 시간 속에서 다양하고 새로운 세계를 만나며 세계관을 넓혔던 것이다. 이 사례는 고독도 하나의 기회가 된다는 점을 시사한다.

사람을 끌어당기는
웃음의 힘

제2장에서 서술했듯이 아들러 심리학에서는 웃음을 중시
한다. 웃음이라는 감정에는 사람과 사람을 끌어당기는 효
과가 있다. 그렇기 때문에 함께 웃을 수 있는 친구와 지
내는 시간을 적극적으로 만들어야 한다.

나는 웃음을 유발하는 방법으로 '개그'를 추천한다. 텔레
비전의 개그 프로그램을 봐도 좋고, DVD나 코미디 영화를
봐도 좋다. 공연장이나 극장에서 라이브로 웃음을 체감하
는 것도 의미가 있다. 뱃속에서 우러나와 웃으면 웃음이 전
염되어 다른 사람이 다가가기가 수월해진다.

나는 우울증에 걸린 내담자를 상담할 때에는 반드시 근

처 서점에서 유머집을 구입해서 읽어보라고 부탁한다. 그리고 "가족이든, 친구든, 가까운 사람에게 농담을 건네서 웃겨보세요. 그게 잘되면 다음에 저와 만날 때 농담으로 저를 웃겨주세요."라고 숙제를 내곤 하였다. 실제로 농담을 연습하면 심각한 고민에서 벗어나게 된다. 자신을 높은 곳에서 내려다봄으로써 '왜 이깟 일로 고민했지?' 하고 깨닫는 것이다. 그러면 어느새 인간관계의 괴로움도 해소된다.

기분이 다운되면
한껏 다운된다

자꾸만 기분이 처진다면 억지로 기운을 내려 하지 말고, 처져 있는 시간을 만들어보는 것도 한 방법이다. 웃음이 안 나오는 상태에서는 일단 마이너스 감정에 한껏 빠져보자. 억지로 개그 프로그램 등을 보지 말고, 슬픈 감정에 동조한다. 일단 불평을 토로하거나 우는 시간을 만듦으로써 자연히 다른 감정으로 향할 수 있다.

한 여성이 불륜과 연관된 고민을 상담해온 적이 있었다. 그녀는 직장 동료와 사랑에 빠져서 부적절한 관계를 맺게 되었다고 한다.

"당신은 남편 분과의 관계를 되돌리고 싶습니까? 아니면 남편과 헤어져서 그 남자 동료 분과 사랑을 키워가고 싶습니까?"

그 물음에 그녀는 불륜 관계는 끝내고, 남편과 새로 시작하고 싶다고 대답하였다.

"그러면 관계를 회복하고 싶다는 거군요."

"네. 하지만 저는 남편에게 정말 몹쓸 짓을 했어요. 죄책감으로 남편 얼굴도 똑바로 못 보겠어요."

그녀의 말을 들었을 때, 나는 그녀의 죄책감에 목적이 있다는 것을 알아챘다. 아들러는 죄책감에도 목적이 있다고 말한다. 그 목적이란, '내가 이렇게 나 자신을 비난하고 있으니까 당신은 나를 비난하지 말아요.'라는 자기방어의 목적이다. 나는 죄책감의 목적을 지적하는 대신, 다음과 같이 말하였다.

"그러면 당신이 죄책감과 마주할 방법을 알려드리지요. 집에 돌아가서서 저녁 8시가 되면 반드시 차이콥스키의 《비창》을 들어주세요. 45분 정도 걸리는데, 그동안 불은 끄시고요."

"네."

"그 상태로 '나는 정말 형편없는 사람이야. 구제불능이야.' 하면서 최대한 기분을 가라앉히는 겁니다."

"얼마나 하면 될까요?"

"우선 2주 동안 해보세요."

그녀는 내 조언을 충실하게 실천했는지, 2주 뒤에 다시 상담을 받으러 왔다. 그녀의 표정은 이전과 달리 차분했다. 어쩐지 효과가 나타난 듯했다.

"어떻습니까?"

"네. 1주일동안 했더니, 이게 뭐하는 짓인가 싶었어요."

"그렇군요."

"왜냐하면 남편은 전혀 개의치 않고, 저만 비극의 주인공이 되어 있는 게 왠지 어리석다는 느낌이 들었거든요."

그녀에게는 죄책감에 한껏 빠질 시간이 필요했다. 죄책감에 휩싸였을 때에는 벗어나려 하지 말고 죄책감을 직면하는 과정이 필요하다. 그리고 한껏 빠져든 뒤에 다른 감정으로 뛰어오르면 된다. 사람이 점프를 하려면 몸을 먼저 움츠리듯이 일단 마이너스 감정에 빠지는 일도 다음으로 나아가기 위한 중요한 단계가 된다.

후회하는
과거와 타협한다

인간관계에서 과거의 실패를 후회하고 있을 때, 후회라는 감정은 현재의 자신에게 어떠한 메시지를 발신하고 있다고 볼 수 있다. 후회가 현재와 어떻게 연결되는지, 실제 내 경험을 살펴보자.

대기업에 근무하는 내 아들은 하루하루 활기차고 즐겁게 일하고 있다.

그런데 불현듯 나에게 한 감정이 싹텄다.

'과거에 나는 취업활동을 잘못했던 건 아닐까? 좀 더 열심히 했으면 원하던 회사에 들어갔을 거야. 그때 최선을 다

했다면 아들과 비슷한 회사에 들어가서 나도 하루하루 즐겁게 일하며 보냈을 텐데…….'

나도 모르게 후회를 하려다가 다시 생각을 바꾸었다.

'하지만 대기업에 들어갔다면 지금의 나는 없었을 거야. 지금의 나는 중견기업에 들어갔다가 어쩔 수 없는 상황 때문에 그만두고 이 길을 갔기 때문에 존재하는 거잖아. 그렇게 생각하면 내 선택은 절대 잘못되지 않았어.'

나는 후회라는 감정을 통해 결과적으로 아들의 현재를 축복하고 내 인생도 긍정할 수 있었다. 바로 이것이 후회라는 감정이 발신하는 메시지다. 후회는 '자신의 현재를 어떻게 바라보는가' 하는 숙제이기도 하다.

인간관계의 실패를 후회할 때도 과거로 거슬러 올라가서 해결을 도모할 필요는 없다. 후회라는 감정에 빠져서 자책할 필요도 없다. 중요한 것은 과거를 돌아보고 현재와 타협하는 일이다. 때론 '타협이 나쁜 것이 아니냐'고 반문하는 사람들도 있다. 하지만 아들러가 말하는 타협은 어떤 정의로운 일의 시시비비를 가릴 때 타협하라는 이야기가 아니다. 지나간 버린 일에 후회하며 감정의 늪에 빠져있지 말라는 의미이다.

예를 들어 과거에 인간관계로 상처 입어 아직까지도 그 일을 잊지 못하고 괴로워하는 사람이 있다면, '예전에 인간관계에서 실패한 적이 있지만, 지금은 믿을 수 있는 친구도 있고, 절대 잘못되지 않았어. 현재의 인간관계에 나는 만족해.'라고 생각하며, 현재와 타협함으로써 과거의 힘든 체험도 극복하고 살아갈 수 있다.

4장

거절하기 힘든 요구의 감정대처법

경청의 힘

"대하기 불편한 사람과 잘 어울리려면 무슨 말을 건네면 될까요?"

나는 가끔 그런 질문을 받는다. 사람들은 대부분 상대방과 거리를 좁히기 위해 무슨 말을 해야 할지몰라 고민하며 머리 아파한다. 내가 한 학교에서 비상근 강사로 있을 때 한 여학생을 상담한 적이 있었다. 그녀도 역시 사람들과 어울리는 문제로 고민하고 있었다.

"대하기 불편한 사람에게는 무슨 말을 해야 할까요?"

그녀의 물음에 나는 이렇게 대답하였다.

"그냥 듣기만 하세요."

"네? 듣는다고요?"

"그래요. 학생은 말을 해야 한다고만 생각하니까 대하기 불편한 사람과도 뭔가 말을 해야 한다고 여기고 있어요. 그러면 상대방을 마주했을 때 긴장하게 되니까 대화가 어색해질 수 밖에 없는 거예요."

"그랬군요."

우선 상대방 말을 어떻게 들을지를 생각한다. 상대방의 말을 성의 있게 듣고 동조한 다음에 이야기하면 된다.

지금 나는 '듣다'는 표현을 사용해서 이야기했지만, 이와 관련된 한자로 '들을 문(聞)', '들을 청(聽)', '물을 신(訊)'이 있다. '들을 문(聞)'은 귀로 음을 감지하는 것이므로 단순히 상대방 이야기가 귀로 들어오는 상태를 말한다. 그런데 '들을 청(聽)'에서 한자 '넉 사(四)'로 보이는 부분은 원래 '눈 목(目)'에서 유래했다고 한다. 그렇기 때문에 '들을 청(聽)'에는 원래 '관찰하면서 듣다'는 의미가 담겨 있다. 그리고 '물을 신(訊)'은 상대방에게 꼬치꼬치 캐물어서 듣는 것을 뜻한다. 그런데 연달아 질문을 퍼부으면 상대방은 넌덜머리를 낼 것이다.

대화를 잘 나누려면 상대방의 말뿐 아니라, 표정이나 손
짓, 몸짓을 유심히 관찰하면서 듣는 자세가 중요하다. 아들
러 심리학에 커다란 영향을 받은 인물, 카네기도 '남에게
호감을 사는 6가지 원칙'에서 '경청한다'를 들었다. 아들
러 심리학은 '공동 과제'를 찾아서 건설적인 인간관계의 구
축을 목표로 한다. 그러기 위해서라도 우선 상대방을 아는
'경청자'가 되는 일이 중요하다.

상대방의
관심사를 이야기한다

인간관계는 '공감'과 '자기 오픈'으로 만들어진다. 자신이
상대방에게 공감하고, 상대방이 자기 자신을 오픈한다. 상
대방이 나에게 공감하고, 내가 나 자신을 상대방에게 오픈
한다. 이것들이 균형 있게 성립됨으로써 서로 신뢰관계가
형성된다.

상대방이 자기 자신을 오픈하지 않는데, 자신이 일방적
으로 공감을 나타내며 질문을 퍼부으면 단순한 탐색이 되
기 때문에 상대방은 불쾌해한다. 역으로, 상대방이 자신에
게 공감하지 않는데, 열심히 자기 자신을 오픈해도 단순한
자기현시(自己顯示, 남에게 자신을 나타내 보이는 일)가 되어

경원시될 뿐이다. 무슨 질문을 할지 생각이 안 나는 사람은 먼저 상대방의 관심사를 듣는 일부터 시작하자.

"요즘은 어떤 취미가 있어요?"

"요즘 어떤 것에 빠졌어요?"

"○○ 씨는 요즘 뭐에 관심 있어요?"

이처럼 공감하면서 질문하는데 싫어하는 사람은 없을 것이다. 나는 연수를 진행할 때 반드시 참가자들 간에 관계를 맺게 했다. 즉, 자신이 스스로 자기소개를 하는 것이 아니라, 다른 참가자들이 궁금해하는 것을 물어보는 취재 형식으로 참가자들이 서로를 알게 하는 것이다.

"취미는 뭐예요?"

"여행을 좋아해요."

"어떤 여행을 좋아하는데요?"

"글쎄요. 저는 동남아에서 맛있는 음식을 먹는 게 좋더라고요."

"음식 여행 좋죠. 기억에 남는 음식은 뭐가 있어요? 저도 여행갈 때 참고해야겠네요."

"그죠. 우리 신랑은 여행에 대한 생각이 저와는 달라서 이야기가 잘 안되는데, 음식 여행을 좋아하는 분을 뵈니 반

갑네요……."

이처럼 대화의 캐치볼을 이어가면, 분위기가 화기애애
해져서 참가자들이 서로 많이 친밀해진다(대답하고 싶지 않
은 질문을 받으면 '패스'라고 하면 된다). 처음 만나는 사람에게
일방적으로 이야기하려면 무슨 말을 해야 할지 모른다. 하
지만 듣는 일에 주의를 기울임으로써 자연스럽게 상대방
의 말에 수긍해주게 되고, 그런 대화 상대를 만난 상대방은
신나서 더 많은 이야기를 하게 되어 이야기가 자연스럽게
흘러가게 된다. 아들러가 말하는 '공감'과 '자기 오픈', 이
두 가지만 잘 사용해도 다른 사람들과 훨씬 잘 어울릴 수
있다.

자랑은
우월 콤플렉스 탓

오래 전에 내가 강연회를 열고, 그 친목회에 참석했을 때의 일이다. 그때 참가자들 대여섯 명과 같은 테이블에 앉았는데, 그중 한 사람이 느닷없이 사람들에게 무슨 자료를 나눠주었다. 그것은 자신의 프로필과 실적 등이 써진, 이른바 '자기소개' 자료였다. 자료가 모두 배포되자, 그는 설명하기 시작했다.

"저는 사실 준짱과 친구예요."

"준짱이요?"

"네, 준짱과 친구죠."

"준짱이 누군데요?"

"당연 고이즈미 준이치로[小泉純一郎, 제87, 88, 89대 (2001-2006) 일본 총리-옮긴이]죠."

당시는 고이즈미 준이치로 씨가 내각총리대신을 하고 있을 때로, '준짱 피버(fever)'라는 말이 유행하고 있었다.

"준짱과는 게이오[慶應] 대학 경제학부 동기였어요."

"아, 그렇군요."

"고이즈미는 삼수해서 우리 학교에 들어왔는데, 저는 현역이었어요. 그래서 그 친구가 저보다 나이가 많죠. 게다가 그 친구는 유급도 해서 저보다 늦게 졸업했어요."

한차례 고이즈미 이야기가 이어졌을 때, 나는 질문을 던졌다.

"그런데 고이즈미 씨와는 지금도 연락을 하고 계세요?"

"아니요, 학창시절 때 어울렸던 거라서 그 뒤로는 연락이 끊겼어요."

그 말에 우리는 모두 어이가 없었다.

아들러 심리학에서는 그와 같은 자기현시를 '우월 콤플렉스'라는 말로 설명한다.

'우월 콤플렉스'에 걸린 사람들은 밑바탕에 깔린 열등감을 해소하기 위해서 자신을 최대한 과시하려는 행동을 보인다. 이런 사람들이 자랑스럽게 말하는 것에는 주로 다음세 가지가 있다.

1. 출신, 집안
집안 가계나 유명한 친족 등을 열렬히 어필하는 유형.

2. 과거의 능력
"나는 중학교 시절에 분명 도쿄대에 갈 수 있을 것이라는 말을 들었다." 등 실제로 도쿄대에 입학하지 못한 사람이 이렇게 말하는 경우가 많이 있다.

3. 인맥
앞의 예처럼 '○○와 친구'라는 유형. 단지 파티에서 얼굴만 본 사람도 자못 자신과 친분이 있는 사람인 양 자랑스럽게 이야기하는 사람들이다.

자, 당신은 어떤가? 그런 이야기를 하는 사람들과 적극적으로 친해지고 싶은가? 누구나 우월 콤플렉스를 가진 사

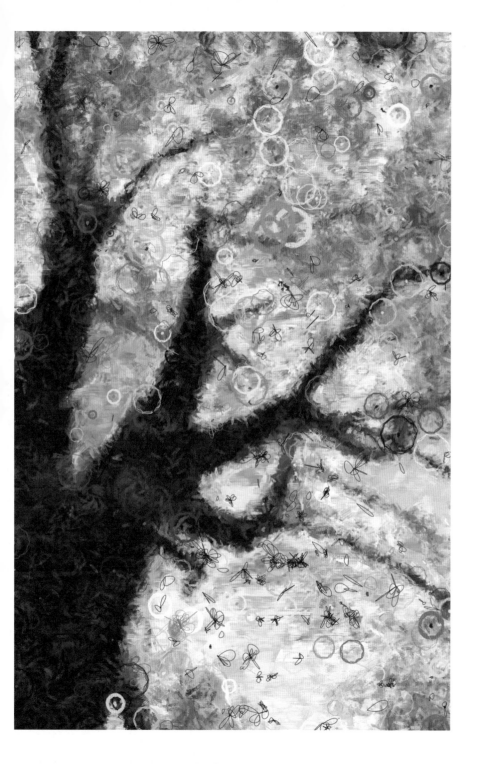

람은 싫어하기 마련이다.

만약 당신의 주변 사람이 자랑을 시작한다면 '이 사람은 열등감으로 인해 우월 콤플렉스를 발휘하고 있구나.'라고 이해하자.

그런 생각만으로도 지겨운 느낌이 조금 사라진다. 그리고 당신도 자신의 이야기를 할 때에 우월 콤플렉스 대화가 이루어지고 있지는 않은지 점검해보자. 자기현시 대화가 안 되게끔 유의하기만 해도 대하기 불편하다고 여긴 사람과의 관계가 원만해질 수 있다.

자기 이미지를 바꾸는
셀프 토크

'나는 말을 잘 못하고 성격이 어두워서 사람들과 어울리는 건 무리야.'라고 생각하지는 않는가? 나는 그런 사람들에게 아들러 심리학을 배우면서 느낀 셀프 토크(self-talk)의 중요성을 역설한다. 셀프 토크란, 자신이 자기 자신에게 말하는 입버릇이다.

셀프 토크는 아들러 심리학의 기본이 되는 '상대방보다 자신을 먼저 바꾼다'는 원리를 실천할 수 있는 가장 쉽고 간단한 방법이다.

사실 우리는 매일같이 셀프 토크를 하고 있다. 처음에 셀프 토크는 부모나 교사 등 어른들에게서 자주 듣던 말로 형성된다. 나보다 두 살 많은 형은 나에게 '손재주가 없다', '겁쟁이'라는 말을 자주 하였다. 주변 사람들이 나에게 한 말은 점차 내 속에서 진실이 되어간다. '손재주가 없다'는 형의 말에는 '(너는) 손재주가 없다'는 주어가 있었겠지만, 어느새 '(나는) 손재주가 없다'라고 주어가 바뀌어간다. 실제로 겁쟁이는 극복했지만, 나는 지금도 손재주가 없다는 사실은 인정하고 있다.

이때 주의할 점은 주어가 바뀐 말은 마음속에서 계속 재생된다는 것이다.

'나는 쓸모없는 인간이야.'

'나는 실패만 해.'

'나는 덤벙거려.'

그러면 그 셀프 토크가 자신의 이미지를 그 말대로 완성시킨다. 아들러 심리학에서는 이것을 '셀프 콘셉트(자기개념)'라고 부르고, 사람은 셀프 토크의 영향을 받으며 살아간다고 생각한다.

예를 들면, 직장에서 실수를 잘하는 사람의 셀프 콘셉트를 조사해보면, '나는 실수를 잘한다'임을 알 수 있다. '나는 실수를 잘한다'는 셀프 토크를 반복하는 사람은 간혹 아주 중요한 상황에서도 실수를 저지른다. 그리고 다음과 같이 셀프 토크를 재인식한다.

'아, 또야! 나는 어릴 때부터 그랬어. 부모님도 나는 실수를 잘한다고 하셨고…… 그래서 오늘도 실수한 거야.'

반드시 이런 예가 아니라도 당신도 스스로 비하하는 셀프 콘셉트를 무심결에 속으로 중얼거리고 있는지도 모른다.

왠지 두려워졌는가? 하지만 안심하기 바란다. 셀프 토크라고 해서 반드시 부정적이지는 않다. 예를 들면, 선생님이 "너는 노력파야."라는 말을 반복하면, 그 말이 자기 안에 정착되어 '나는 노력파다'라는 셀프 콘셉트를 완성할 수 있다. 그리고 실제 노력파로 살아가기 위해 행동한다. 어릴 때 무심코 한 행동을 누군가 "○○는 뜨거운 걸 잘 참네.", "○○는 동생을 잘 돌봐주네."라고 칭찬해주면 다음부터는 그 기대에 부응하고자 의식적으로 노력하는 경험을 한 번쯤 해봤을 거다. 동일한 원리이다.

당신 스스로 '이런 일을 할 때는 나다워. 마음에 들어.' 하고 느끼는 순간이 있을 것이다. 아무리 사소한 일이라도 괜찮다. 예를 들면, 당신이 다른 사람들과 이야기를 나누는 것을 좋아한다고 가정해보자. 그 말은 당신은 평소 '나는 커뮤니케이션을 잘해.'라는 셀프 토크를 반복하고 있는 것이다. 셀프 토크는 긍정적인 의미에서도 자신다움의 원점이 된다. 이제 대표적인 플러스와 마이너스가 되는 셀프 토크를 소개하겠다.

● 플러스 셀프 토크	● 마이너스 셀프 토크
'이제 나를 용서해도 돼.'	'역시 나이는 못 속여.'
'필요한 것은 갖춰졌어.'	'어차피 모두 나를 싫어해.'
'가끔은 여유를 부려도 괜찮아.'	'남의 시선이 신경 쓰여.'
'나는 운이 좋아.'	'아무도 내 이야기를 안 들어줘.'
'나한테는 멋진 동료들이 있어.'	'언제까지나 혼자야.'

나는 모든 셀프 토크를 플러스로 바꾸라고는 하지 않는다. 전부 플러스 말을 쓰려면 그 반동으로 오히려 정신적으로 힘들어질 수 있기 때문이다. 가끔은 불평해도 괜찮고, 안 좋은 입버릇이 나와도 상관없다. 다만 마이너스의 셀프 토크에 자신의 마음이 점령당해서는 안 된다.

예를 들면, 업무상 실수를 해서 "아, 또 혼났어."라고 중얼거렸다고 하자. 그런 불평 자체는 문제가 안 되지만, 그 뒤에는 반드시 플러스 셀프 토크를 덧붙여보자.

"한두 번 겪는 일도 아니잖아."

"나한테는 응원해주는 사람들이 있어."

이처럼 속으로 중얼거리면 역경을 극복하려는 힘이 불끈 솟아난다. '마이너스 → 플러스'라는 순서를 의식해서 마지막에는 플러스 셀프 토크로 쐐기를 박는 습관을 익히도록 해보자.

셀프 토크는
인간관계도 바꾼다

껄끄러운 인간관계를 개선하고 싶을 때에도 우선 플러스 셀프 토크를 해보자.

싫은 소리를 들으면 '여차하면 나한테는 의논할 사람이 있어.', 상대방과 비교해서 비참한 기분이 들면 '남과 비교하면 끝이 없어.', 자신을 적대시하는 사람이 있으면 '모두 다 그러지는 않아.', 싫은 사람들과 있다고 느끼면 '싫은 사람도 있지만, 내 편도 있어.'라고.

이렇게 플러스 셀프 토크를 하면 마음이 훨씬 편해진다. 그리고 앞에 서술했듯이 상대방에게 고마움을 말로 표현해보자. 고마움을 나타내는 인사 한마디는 인간관계도 바꿀 수 있다.

"제가 놓친 부분을 지적해주셔서 감사합니다."

대하기 불편한 상대가 자신을 적대시하더라도 고마움을 표현하면 사태가 더는 악화되지 않는다. 오히려 상대방에게서 플러스 반응을 끌어낼 가능성이 높아진다. 대하기 불편한 사람과 잘 어울리려면 평소 '고마움 표현집'을 만들어놓자. 그리고 그 말들이 언제나 자연스럽게 나오게끔 연습해둔다.

비난을 받으면, "생각이 거기까지 미치지 못했습니다. 고맙습니다.", 상대방이 이래저래 간섭을 하면, "세세한 부분까지 살펴주셔서 고맙습니다." 등등.
이렇게 고맙다는 표현을 반복하다 보면 어느새 인간관계가 원활해진다.

인간관계를 악화시키는 '비교 3원칙'

비난, 비판, 지적, 원한, 질투 등에서 나오는 말은 상대방의 기분을 꺾고, 인간관계를 악화시키는 원흉이다. 용기를 꺾는 말로는 '비교'를 많이 볼 수 있다. 내가 '비교 3원칙'이라고 부르는 비교 유형은 다음과 같다.

1. 과거와 비교

"옛날에는 이 정도 일은 잘했는데, 왜 지금은 못하는 거지?"

"그때는 했으면서 지금은 저질 체력이네."

이렇게 과거와 비교해서 비난받으면 우리는 용기가 꺾인다.

2. 타인의 강점과 본인의 약점 비교

"○○ 씨는 쉽게 하는데, 왜 당신은 못하지?"

"○○ 씨가 일은 더 제대로 하고 있어."

이렇게 비교당하면 마음이 상하지 않는가?

3. 이상과 비교

"기대했는데 전혀 아니잖아."

"이 정도는 할 줄 알았는데, 기대가 컸나 봐."

이런 말을 들으면 기분이 처진다.

외모의 단점을 지적하는 일도 용기를 꺾는 대표적인 예다. 예전에 내가 아는 사람은 키가 작은 남성을 보고 "이봐, 자네 집 앞에 키 커지는 기계를 보내놨어.", "그 키는 언제 크냐?" 하면서 항상 놀리곤 했다. 나도 취직해서 처음 상사를 봤을 때, 느닷없이 "자네, 인상이 안 좋아."라는 말을 듣고, 순간 상사가 싫어진 경험이 있다.

무능함을 언급해서 용기를 꺾기도 한다. 한 외국계 기업에서 구조조정 대상이 된 사원에게 어려운 영어 번역 일을 시켰다. 그 사원이 어려워서 끙끙대는데, 상사는 그를 다그

첬다.

"이봐, 겨우 이까짓 일도 못해?"

"대학, 정말 나오긴 한 거야?"

"이런 건 중학생도 하겠어. 왜 이렇게 시간이 걸려?"

그런 말을 들으면 누구나 일하기 괴로워진다. 용기를 꺾는 말은 단 한마디라도 상대방에게 엄청난 타격을 주고, 한순간에 그동안 쌓은 신뢰관계를 잃는 계기가 된다. 부디 이런 말을 하지 않도록 주의하기 바란다.

자신의 의견을
잘 주장하는 방법

용기가 꺾이지 않고 자신의 마음을 이해받기 위해서라도 직장이나 가정에서 얼굴을 마주하는 상대방과 원만한 관계를 유지하면서 자신의 주장을 전달해야 할 때가 있다. 상대방에게 자신의 주장을 전달하는 방식으로는 다음 네 가지가 있다.

1. 주장적 행동
상대방의 요구를 충족하면서 자신의 요구도 수용하게 만드는 행동이다. 흔히 비즈니스에서 윈-윈 관계라고 부르는 이상적인 전개다.

2. 비주장적 행동

상대방의 입장이나 요구를 존중하고, 자신의 주장을 억제하는 행동이다. 다소 본의는 아니더라도 때로는 상대방의 요구를 수용하는 편이 좋을 때도 있다.

3. 공격적 행동

상대방에게 상처를 주더라도 자신의 요구를 관철하려는 행동이다. 이때 타인의 이해관계나 요구는 무시한다.

4. 복수적 행동

상대방에게 상처를 주고, 자신의 요구를 단념하는 행동이다. 이 행동은 윈-윈의 정반대인 루즈-루즈 결과를 초래한다.

예전 내가 다니던 회사는 여러 회사에서 유사한 상품을 구입하고 있었는데, 그중 A사만 상품 가격이 높고, 배송료도 주문자 부담이었다. 그래도 A사의 상품이 필요했던 나는 담당자와 협상을 시도하였다.

"저는 귀사에서 매번 상품을 상당수 구입하고 있습니다. 앞으로 구입량을 더 늘릴 계획인데, 가격을 조정해주시면 안 되겠습니까?"

그러자 상대방은 퉁명스럽게 내뱉었다.

"안 됩니다."

"어떻게 좀 안 될까요?"

"그쪽만 예외로 할 수는 없습니다."

그 한마디에 그만 화가 치밀어서 나는 이렇게 말하려고
했다.

"네, 됐습니다! 앞으로 다시는 귀사 상품을 살 일은 없을
겁니다."

실제로 마지막 말은 삼켰지만, 이것은 상대방에게 상처를
주면서 자신의 요구도 단념하는 것이므로 복수적 행동이다.
단 한 번의 복수적 행동도 상대방과 관계를 거의 회복 불가
능하게 만든다. 복수적 행동은 최악의 결말을 맞게 한다.

이 사례처럼 사물을 '모 아니면 도'로 생각하는 사람
들이 많이 있다.

주장적 행동이 수용되지 않는다는 사실을 알게 된 순간,
갑자기 복수적 행동으로 바뀌어 상대방과의 관계 자체를
끊어버린다.

"두 번 다시 부탁 안 하고, 얼굴도 안 봐."

"너와 또 말을 섞으면 내 손에 장을 지진다."

"회사를 그만두겠습니다."

당신도 과거에 그러한 말을 내뱉은 적이 있을지도 모른다. 하지만 복수적 행동은 자멸적 행동이다. 설령 일시적인 쾌감을 느꼈더라도 장기적으로 보면 자신에게 하등 득이 될 게 없다. 우리는 복수적 행동은 반드시 피해야 한다.

메이크 베터 어프로치
(make better approach)

인간관계에서 무언가를 주장할 때 '승리냐, 패배냐'로 양
분되지는 않는다. 또 전승이 있을 수 없듯이 전패하는 일
도 없다. 때로는 승리를 양보하고 비겨도 괜찮다면서 관계
를 유지하는 것이 인간다운 지혜가 아닐까? 최고도, 최악
도 아닌 타협점을 모색하는 방법을 '메이크 베터 어프로치
(make better approach)'라고 한다.

　앞에서 소개한 나의 사례로 보면, "배송료만이라도 서비
스해주시면 안 될까요?" 하고 약간 양보한 주장적 행위로
타협점을 제안할 수 있었다. 협상을 잘 못하는 사람은 "적어

도 ○○만 확보하면 된다", "○○만이라도 주장이 받아들여지면 된다" 등 최소한의 마지노선을 정해두기를 권한다. 대하기 불편한 사람과 치밀하게 협상하다 보면 오히려 피곤해지기만 할 뿐이다. 처음부터 양보하는 자세를 보이면서,

"적어도 이것만은 약속해주십시오."

"○○와 △△라는 두 가지 선택지가 있는데, 어느 것으로 하겠습니까?"

이렇게 말하면, 협상 과정도 생략할 수 있고, 마음도 훨씬 편해진다. 그리고 매사에 꾸준히 목표를 향할 수 있게 의식해보자. 목표를 높이 세우는 것은 아주 중요하다. 하지만 그에 못지않게 '궁극목표', '달성목표', '당면목표' 등으로 나누어서 당면목표부터 하나씩 해결하는 것도 중요하다. 갑작스레 인간관계를 극적으로 좋게 만들 수는 없다. 싫은 사람을 둘도 없는 친구로 만들려고 할 필요도 없다. 우선 협력해서 한 가지 일을 달성하는 것부터 시작해보자. 처음에는 싫더라도 만나다 보면 서로 장점을 인정하게 될 것이다. 실제로 앞에서 소개한 "자네, 인상이 안 좋아."라고 말한 상사와는 그 뒤, 친구처럼 지금도 잘 지내고 있다.

거절하기 힘든
요구의 감정대처법

상대방이 무리한 일을 시키거나 내키지 않는 요구를 해왔을 때에는 '메이크 베터 어프로치'를 떠올려보자. '모 아니면 도'라는 발상으로 상대방의 요구를 전면적으로 거부하거나 수용하는 것이 아니라, 일부만 선택해서 수용하는 것이다. 앞에서 소개한 자신의 의견을 주장하는 네 가지 방법을 거절로 바꿔보자.

1. 상대방에게 상처 주지 않는 거절 - 주장적 거절 방법

2. 상대방에게 상처 주지 않고, 상대방의 요구를 부분적으로 수용하는 것 - 비주장적 거절 방법

3. 상대방에게 상처 주면서도 거절하는 것 - 공격적 거절 방법

4. 상대방에게 상처 주고, 그럼에도 결국 전면적으로 수용하는 것 - 복수적 거절 방법

물론 최악은 복수적 거절 방법이다. 예를 들면, 친구가 당신에게 "고급 만년필을 빌려달라."라고 부탁했을 때, 복수적 거절 방법을 택하면 다음과 같은 상황이 펼쳐진다.

"만년필 좀 빌려줘."

"싫어. 이건 부모님 유품이야. 아무도 못 빌려줘."

"치사하게 구네. 잠깐 빌려주면 뭐 어떠냐?"

"안 된다니까."

"이렇게까지 부탁하는데, 잘난 척 하긴. 넌 원래 치사했으니까."

"뭐? 다시 말해봐."

"넌 치사한 인간이다."

"알았어. 그만해. 가져가고 싶으면 가져가. 너는 이제 친구도 아니야."

이런 복수적 거절 방법은 반드시 피해야 한다. 주장적 거절 방법이 어려운 상황이라면 최소한 비주장적 거절 방법

을 해보자. 이 사례에서는 '만년필을 하루만 빌려준다', '다른 만년필을 빌려준다' 등의 선택지를 생각할 수 있다.

그래도 거절하고 싶다면, 공격적 거절 방법이라는 선택지가 있다. 이유를 밝히지 않고, 단호하게 상대방의 요구를 거절하는 것이다. 이유를 밝히면 그 이유를 가지고 상대방이 계속 양보를 요구할 수도 있다. 그렇기 때문에 단호하게 거절한다. 그래도 복수적 거절 방법보다는 서로를 위하는 길이다.

파도를 정면으로
맞서는 바보

파도를 정면으로 맞서본 적 있는가? 키를 넘기는 큰 파도를 말하는 것이 아니다. 허리쯤 오는 비교적 잔잔한 파도도 정면으로 맞서보면 그게 얼마나 바보짓인지 몸으로 느낄 수 있다. 인간관계에서도 굳이 시시비비를 가리려는 사람들이 있다. 혹시 자꾸 누군가와 부딪힌다면, 내가 이런 부류는 아닌지 잠시 생각해보길 바란다.

인간관계와 정의감은 다르다. 처음 상담하면서 놀란 것은 의외로 많은 사람이 이 둘을 헷갈려 한다는 점이었다. 인간관계를 승패의 관점으로 바라본다면 잡음이 끊일 수 없다. 인간관계에서 승패에 얽매이지 않으면, 마음에도 여유가 생기고, 귀찮은 실랑이를 회피할 수 있다. 너무도 간단하고 당연한 이야기이다.

나는 전문학교에서 강사를 할 때, 대학 교원을 상대로 연수를 할 기회가 몇 차례 있었다. 내가 선생님이고 상대방은 학생의 상황이었지만, 그 자리에 있는 자존심 높은 사람들은 자신이 우위에 있다는 사실을 어떻게든 나타내고 싶었던 듯하다. 어떤 사람은 대놓고 "전문학교 강사가 대학 교원들을 가르쳐요?" 하고 무시하는 투로 내뱉었다.

또 다른 사람은 내가 나눠준 프린트에서 오자를 찾아내더니, 빨간 펜으로 큼지막하게 정정해서 일부러 쉬는 시간에 내 책상 위에 올려놓기도 하였다. 나를 깔보는 것이 명백했다. 그리고 어떤 사람은 마침내 강의 시간 중에 나에게 도전장을 던졌다.

"이와이 선생님, 질문이 있습니다. ○○라는 책, 읽어보셨습니까?"

그 질문에는 '나는 읽었는데, 당연 이 정도 책은 읽었겠죠?' 하는 도전적인 의도가 엿보였다. 나는 그와 겨루어도 소용없다는 생각에서 역으로 질문을 던졌다.

"아, 그런 책이 있군요. 어떤 책인지 소개해주시겠습니

까?"

그러자 그는 바라던 대로 되어 만족스러운 듯이 도도하게 지론을 전개하기 시작하였다. 요컨대, 자신에게 지식이 있다는 점을 과시하고 싶었을 뿐이다. 한차례 그의 말을 들은 뒤에 나는 고맙다면서 마무리를 지었다.

"고맙습니다. 많은 공부가 되었습니다."

"이 정도라면 또 언제든지 설명해드리지요."

나는 시시한 주도권 싸움에 휘말리지 않은 점에 안도하였다.

상대방이 던지는 도발적인 질문은 원래 답이 없다. 답을 찾으려 하기보다, 상대방에게 이야기할 기회를 줘보는 것은 어떨까.

"○○ 씨의 질문은 이러저러하다는 것이지요? ○○ 씨는 그걸 어떻게 생각하십니까?"

그러면 대개 상대방은 자신의 지론을 펼치기 시작한다. 그런 타입의 사람은 원래 하고 싶었던 말이 있었던 것이다. 그렇기 때문에 굳이 도발을 받아치거나 논쟁을 펼치지 않

고, 상대방에게 이야기할 기회를 주면 된다. 그 이야기를
진지하게 받아들일 필요도 없다. 그리고 마지막에 고마움
을 나타내면 모두 원만하게 마무리된다. 파도를 정면으로
맞서는 바보는 되지 말자.

주의를 줄 때도
'목적'을 명확하게 한다

회사 후배를 지도하거나 친구에게 주의를 줄 때 등 간혹 상대방에게 심하게 말해야 할 때가 있다. 이미 설명했듯이 아들러 심리학에서는 '목적'을 중시한다. 나는 주의를 주는 목적을 다음과 같이 설정하였다.

1. 상대방의 부적절한 습관이나 행동을 개선시킨다
2. 상대방을 한 단계 성장시킨다
3. 의욕이 없는 사람에게 의욕을 불어넣는다

남에게 주의를 주려고 한다면 우선 이 목적을 의식해야

한다. 그리고 실제로 주의를 줄 때에는 다음 사항에 유의하는 편이 바람직하다.

1. 일대일로 주의를 준다

모두 있는 자리에서 주의를 주면 상대방의 인격까지 깎아내리게 된다. 중요한 것은 어디까지나 행동을 고치게 한다는 점이다. 그렇기 때문에 일대일의 상황에서 상대방에게 주의를 주는 편이 좋다.

2. 특정 부분에만 이성적으로 주의를 준다

전체적으로 상대방의 장점을 인정한 다음에 문제가 되는 부분을 지적한다.

"언제나 성실하게 일하는 자세는 믿음직해. 단, 이 부분은 이렇게 하면 더 좋아질 것 같은데."

이렇게 이성적으로 주의를 준다.

3. 상대방 의도를 중시한다

예를 들면, 부하직원이 갑자기 "오늘은 유급휴가를 받고 싶습니다."라는 연락을 해왔다고 하자. 상사인 당신은 "어제는 아무 말 없었잖아." 하고 화를 낼 수도 있다. 하지만 처음부터 분노를 나타내면 상대방도 고집스러운 태도를 보일 뿐이다. 우선 상대방 의도를 확인하자.

"왜 갑자기 휴가를 가려는지 말해주겠나?"

그렇게 질문을 하면, "실은 어제 집안에 안 좋은 일이 생겨서……." 등 부득이한 사정이 밝혀질 수도 있다.

4. 행위만 지적하고, 인격은 건드리지 않는다

"넌 성격이 느슨해서 문제야."

이것은 인신공격이다. 어디까지나 행위에만 주목해서 주의를 줘야 한다.

"이번에는 이러한 행동을 주의해줬으면 해요."

그러면 상대방도 순순히 받아들인다.

상대를 존중하는
마음의 힘

아들러가 어떤 가정을 방문했을 때의 일화다. 아들러와 그
집 부부는 그날, 밖에서 식사를 하고 다시 돌아오기로 했다.
집에 남아 있기로 한 아이가 "잘 다녀오세요." 하면서 그들
을 배웅하였다. 집을 나서려던 엄마는 아이에게 말하였다.

"엄마가 밥 먹고 오는 동안에 장난감들을 전부 치워놓아
라."

식사를 마친 아들러와 그 부부가 집으로 돌아갔다. 방에
는 아이가 가지고 놀던 장난감들로 한가득 어질러져 있었
다. 엄마는 화가 폭발하기 직전이었다. 그것을 본 아들러가
아이에게 말했다.

"얘야, 장난감들을 아주 멋지게 늘어놓았구나. 이번에는 처음처럼 장난감을 잘 모을 수 있겠니?"

그러자 어질러져 있던 장난감은 순식간에 정리되었다. 아이에게 존경과 신뢰를 가지고 있던 아들러에게는 이와 비슷한 일화가 많이 남아 있다.

일방적으로 야단쳐도 아이는 받아들이지 않는다. 하지만 마치 존경하는 친구처럼 아이를 대한다면 아이는 당신 말을 순순히 듣게 된다. 상대방이 설령 아이라 해도 예의를 갖춘 대응이 중요하다. 사람에게 역할 차이는 있지만, 인간성에 위아래는 없다.

이것은 어른에게도 동일하게 적용된다. 만약 당신에게 부하직원이나 후배가 있다면 상하관계를 의식하지 말고, 존경의 마음을 가져보면 좋을 것이다. 너무도 당연한 이야기 같지만 의외로 많은 사람이 상하관계라는 틀 안에 갇혀 실수를 하곤 한다.

자신과 상대방의 권리는 언제나 평등

아들러는 동료들에게 관심을 갖고, 전체의 일부가 되고, 인류복지에 최대한 공헌하는 것을 중시하였다. 이것은 아들러 심리학에서 가장 중요한 '공동체 감각'이라는 개념에도 나타나 있다. 아들러 심리학의 영향을 받은 연구자들은 권리와 책임을 추구하였다. 권리와 책임은 표리 관계에 있고 동일한 가치를 지닌다.

당신이 싫은 사람과 어울리고 싶지 않다는 권리를 주장하면 당신에게는 상대방의 권리도 인정해야 하는 책임이 발생한다. 상대방의 권리를 인정하는 이상, 당신은 언제나 좋아하는 사람과만 어울릴 수 없게 된다. 애당초 인간관계를 자기가 좋을 대로 계속 선택할 수는 없다.

당신이 인간으로서 살아갈 권리가 있다면, 당신에게는 상대방을 인간으로서 살아가게 할 책임이 있다.

당신이 동료로 받아들여질 권리가 있다면, 당신에게는 상대방을 동료로 받아들일 책임이 있다.

당신이 혼자 있을 권리가 있다면, 당신에게는 상대방이 혼자 있고 싶다는 것을 받아들일 책임이 있다.

당신이 행복해질 권리가 있다면, 당신에게는 상대방이 행복해지는 것을 존중할 책임이 있다.

당신이 사람들과 원만한 교제를 바란다면, 일방적으로 자신의 권리만 주장하고 있지는 않은지를 돌아보자. 사람들과 어울리는 일은 언제나 상대방에게 책임을 지는 것이라는 사실을 기억하기 바란다.

5장

나는 더 이상 착하게만 살지 않기로 했다

현재의 습관에
아무런 의미는 없다

지금까지 인간관계를 개선하기 위한 다양한 마음가짐과
실천방법을 소개하였다. 마지막 장에서는 그것들을 '습관'
으로 정착시키는 일에 대해 설명하고자 한다.

먼저 다음 예를 살펴보자. 결혼한 지 얼마 안 된 아내가
아침 식사로 햄에그를 만들었다. 식탁에 놓인 햄에그 접시
를 본 남편이 말하였다.

"이 햄에그, 좀 이상한 것 같은데?"

"뭐가?"

둥근 접시에 놓인 햄에그는 사각형이었다. 자세히 보자,

모서리 네 곳이 정성스레 잘려 있었다. 그동안 햄에그는 동
그란 게 당연하다고 생각해왔던 남편은 왜 일부러 햄에그
모서리를 잘랐는지 의문이 들었다.

"왜 햄에그 가장자리를 잘랐어?"

"그야 우리 엄마가 만드셨던 햄에그 모양은 그랬으니
까……."

의아하게 생각한 남편은 처가에 갔을 때, 장모님에게 물
어보았다.

"장모님, 왜 햄에그를 잘라서 일부러 사각형으로 만드세
요?"

"자른다고?"

"네. 왜 햄에그를 각이 지게 자르는지 그 이유가 궁금해
서요."

"……? 아, 그래! 우리 집에서는 어쩌다 보니 사각 프라
이팬으로 햄에그를 만들어서 햄에그가 사각형이 되었던
거라네."

그렇다. 아내는 어릴 때부터 사각 프라이팬으로 만든 햄

에그를 먹었기 때문에 햄에그는 사각형 모양이라고 생각했던 것이다. 그래서 동그란 프라이팬으로 햄에그를 만들어도 굳이 사각형으로 잘랐다. 아내가 어머니의 영향으로 햄에그는 사각형이라고 생각해서 각이 지게 만드는 것은 일종의 습관이다. 그런데 그 습관에는 아무 의미가 없다. 어쩌다 보니 어머니가 만든 사각 햄에그 모양을 이어받았을 뿐이다.

습관은
지금 당장 바꿀 수 있다

이와 비슷한 일은 우리 주변에도 많이 있다. 예를 들면, 식사를 할 때 좋아하는 음식부터 먼저 먹는 사람도 있고, 싫어하는 음식부터 먹는 사람도 있다. 나는 부모님의 가르침으로 어릴 때부터 음식은 남겨서는 안 된다고 배웠다. 그래서 밥 한 톨이라도 남기면 죄책감이 들었다. 이처럼 사람들은 모두 어떠한 이유로 어느 틈엔가 형성된 습관을 유지하고 있을 뿐이다.

일반적으로 습관은 유형화된 사고, 감정에 기초한 행동이라고 정의한다. 심리학에서는 사고, 감정, 행동 특성을 총칭해서 '성격(캐릭터)'이라고 부르고, 일단 형성되면 변하기 어렵다고 한다. 그런데 아들러는 사고나 감정, 행동은 성격이 아니라, 어디까지나 양식에 불과하다면서 '생활양식'이라고 불렀다. 이 생활양식을 기반으로 습관은 형성되어 있다.

S. M. 로스라는 사람이 "몇 살 정도가 되면, 성격을 바꾸기에 늦은 나이인가?"라고 아들러에게 묻자 그는 이렇게 대답하였다.

"죽기 하루, 이틀 전쯤 되려나?"

햄에그 모양을 바꿔 만드는 일은 아주 간단하다. 이 말은 그와 마찬가지로 마음만 먹으면 우리는 자신의 노력으로 지금 당장이라도 습관을 바꿀 수 있다는 것을 시사한다.

지금의 행동을
'자각적으로 서툴게' 바꾼다

습관을 바꾸려면 무엇이 필요할까? 습관을 바꾼다는 것은 '무자각적으로 능숙해진' 유형화된 행동을 '자각적으로 서툴게' 행동하는 것이다.

구체적으로, 나 자신의 사례를 소개하겠다.

나는 아이들이 어렸을 때, 내 것뿐 아니라 아이들이 남긴 음식까지 전부 먹은 결과, 몸무게가 78킬로그램까지 증가하였다. 고교 시절부터 내내 64킬로그램 전후를 유지하였기 때문에 거의 15킬로그램이나 살이 찐 셈이다. 당시 내 몸은 대사증후군이라는 진단을 받아도 이상할 것이 없는 상태였다.

어느 날, 나는 내 뱃살을 보면서 생각하였다.

'전에는 날씬했는데, 왜 이렇게 살이 쪘을까?'

시기적으로 보면, 결혼해서 아이들이 생긴 다음에 살이 찐 것이 분명하다. 왜 아이들이 생겨서 살이 쪘느냐 하면, 아이들이 남긴 음식을 먹었기 때문이다. 그렇다면 왜 아이들이 남긴 음식을 먹었을까? 나는 부모님의 가르침(음식은 남기면 안 된다)을 충실히 지켰기 때문이라는 것을 깨달았다. 나는 부모님의 영향으로 음식을 남기지 않는 습관이 형성되었고, 그로 인해 살이 쪘다는 사실을 알게 되었다.

그래서 나는 현재 습관화된 행동을 바꾸기로 결심하였다.

그 뒤로, 남은 음식을 보면 '살이 찌느냐, 음식을 버리느냐, 어느 것을 선택할까?'라는 선택지를 떠올리기로 하였다. '살이 찌고 싶으면 먹는다, 찌고 싶지 않으면 먹지 않는다' 이것은 아주 단순한 문제다. 내가 아이들이 남긴 음식을 먹기를 그만두면 살이 안찌는 것은 분명하다. 다만 그동안 익숙해진 습관이 남아 있기 때문에 음식을 남기는 것에 죄책감이 들고, 불쾌감과 위화감마저 들기도 했다.

이처럼 어떠한 행동을 바꿀 때에는 어색하고 서툴게 느끼는 시기가 있다. 그 위화감은 한동안 계속되지만, 점차 사라진다. 그리고 남은 음식은 먹지 않는다는 행동이 새로운 습관으로 정착된다.

나는 아들러의 말을 믿고 실행에 옮긴 결과, 고교 시절의 날씬한 체형을 되찾을 수 있었다. 그리고 지금도 그 체형을 유지하고 있다.

우리가 습관을 바꾸려고 하면 반드시 'Yes/But' 법칙이 작용한다. 습관을 바꾸기로 결심했을 때 '하지만 부모님이 그러셨는데…….', '하지만 음식을 남기는 건 기껏 만든 사람에게 미안한 일이고…….' 등 변화를 막으려는 갈등이 발생한다. 중요한 것은 'Yes/But'이 아니라, 'Yes/And' 발상을 갖는 일이다.

'하지만'을 '그래서'라는 말로 바꾸어서 '살 빼고 싶어. 그래서 안 먹어.'라고 의식한다. 물론 처음에는 어렵다고 느낄 것이다. 그래도 계속하다 보면 반드시 '잘하고 있다.'

고 스스로 깨닫는 순간이 온다.

습관은 자기 자신이 만든 것이다. 따라서 습관을 바꾸는
것도 자신이 할 수 있다. 아들러는 "인간은 자신의 인생을
그리는 화가다."라는 말을 남겼다. 아들러 심리학의 매력은
모든 행동을 환경 탓으로 돌리지 않고, 자신의 의사에 따라
바꿀 수 있다고 하는 점이다. 습관으로 인간관계도 만들 수
있기 때문에 역시 습관은 바꿀 수 있다. 바로 아들러가 가
르쳐준 심리학의 지혜다.

나는 더 이상 착하게만
살지 않기로 했다

내 상담자 중에는 남의 부탁을 절대 거절하지 못해서 고민
이라는 사람이 있었다. 업무와 사소한 잡일부터 시작해서
큰일에 이르기까지 시키는 대로 받아들인 결과, 매일 밥 먹
듯 늦게까지 야근을 하게 되었다. 때로는 주말에 상사의 쇼
핑까지 동행하였다. 매일매일 상처를 받으면서도 고쳐지지
않는다고 했다. 직장 상사만의 문제가 아니었다. 친구는 물
론 심지어 가족에게도 상처를 받곤 했다.

　그녀의 말을 자세히 들어보니, 어릴 때부터 부모님에게
"사람들에게 친절해야 한다.", "할 수 있는 일은 다 해라.",
"다른 사람에게 욕먹지 마라."라는 말을 들으면서 자랐다

는 사실을 알았다. 그녀에게는 항상 남을 기쁘게 해주고 싶다는 마음이 있었던 것이다.

부모님의 교육이 잘못된 것은 아니다. 또 남을 기쁘게 하고 싶다는 그녀의 마음가짐도 아주 훌륭하다. 다만, 남에게 베푸는 친절이 지나치면 "NO"라고 못하게 되어 자꾸만 자신을 괴롭히게 된다.

그녀처럼 남을 만족시키는 대신에 정작 자신은 힘들어하는 사람들이 세상에는 너무도 많다.

나는 그녀에게 말하였다.

"당신은 남들 눈에는 그저 부려먹기 좋은 심부름꾼일 뿐이에요."

"심부름꾼이요?"

"그래요. 아주 편리한 사람이지만, 존경받는 사람은 아니죠. 모두 당신에게 부탁하기 쉬워서 이것저것 부탁하는 것뿐이지, 존경하는 건 아니에요."

"그렇군요."

"앞으로도 계속 그렇게 살아도 괜찮겠어요?"

계속 좋은 사람으로 남아 있으면 자신은 힘들어지고, 점차 주변 사람들이 싫어진다.

'나는 이렇게 다 해주는데, 상대방은 왜 고마워하지 않지?'

좋은 사람으로 남은 결과, 인간관계에 문제가 생기는 일이 아주 많이 있다. 중요한 것은 그릇된 행동을 일으키려는 순간을 포착하는 것이다. 상대방이 자신을 마음대로 부리려는 순간에 "아, 미안해요. 어렵겠는데요."라고 말하는 용기를 지녀야 한다. 옛날에는 모르겠지만, 이제는 착하기만 한 것은 더 이상 미덕이 아니다. 오히려 자신과 주변을 더 힘들게 만들 뿐이다. 이제는 좋은 사람 콤플렉스를 내려놓아야 할 시간이다.

다른 습관에서도 마찬가지다.

"살을 빼려고 하지만, 어느새 음식을 먹어버린다."

"일찍 일어나려는데 깜빡 다시 잠들어버린다."

이처럼 원래의 습관으로 돌아가려고 할 때는 그 돌아가려는 순간을 포착해보자. '다시 잠이 들려는 순간'에 눈을 얼른 떠서 자리에서 일어나거나 이불을 걷어차는 등의 연출을 해보면 원래 습관으로 돌아가기 어려워진다.

　순간 포착으로 행동을 바꾸려면 하루를 시작할 때부터 결단을 내려야 한다. 예를 들면, 제2장에서 서술했듯이 아침에 일어났을 때 "오늘은 좋은 사람이 되기를 그만두는 거야. 불합리한 부탁은 딱 잘라 거절해야지." 등 결심을 하면 된다.

　아침은 앞으로 남은 인생의 첫날이 시작되는 시간이다. 이때 자신이 어떻게 살지 결심을 하면 그대로 살아갈 수 있다. 그리고 하루를 마치는 밤에는 자신이 그날에 한 일들을 축복한다.

　"오늘은 뭔가 한 가지를 정해서 도전할 수 있었어. ○○ 씨가 무리한 부탁을 하는 것도 거절했어."

　매일 이렇게 결심하고 축복하는 습관을 가지면, 틀림없이 행동도 자연스럽게 바뀌게 된다.

모든 공감에는
워밍업이 필요하다

인간관계가 원활하지 않은 이유 중 하나로 상대방과 만났을 때 생기는 '어긋남'이나 '위화감'이 있다. 특별히 괜한 소리도 하지도 않았는데, 상대방이 경원시한다면 이 '어긋남'이나 '위화감' 탓일 수 있다.

아들러는 '상대방의 눈으로 보고, 상대방의 귀로 듣고, 상대방의 마음으로 느끼는 것'을 중요하게 여겼다. 상대방과 일체화되고 공감하는 것은 상대방이 자신을 불편하게 여기지 않는 인간관계를 향상시키는 첫걸음이 된다. 그래서 대하기 어려운 사람, 다가가기 어려움 사람과 만날 때에는 예비조사를 하기를 권한다. 예비조사의 중요성을 가르쳐주는 역사적 일화를 소개하겠다.

중일 국교정상화를 위해서 당시의 다나카 가쿠에이[田中角
栄, 제64, 65대(1972-1974) 일본 총리-옮긴이] 총리와 오히라
마사요시[大平正芳] 외상이 중국을 방문했을 때의 일이다. 중
국 수뇌부와 격론을 펼치고 다나카 총리가 호텔로 돌아갔더
니, 탁자 위에 빵이 놓여 있었다. 그런데 그 빵은 중국 빵이 아
니라, 일본 긴자[銀座]에 위치한 기무라야[木村屋]의 단팥빵이
었다. 다나카 총리가 아주 좋아하는 빵이다. 그것을 보고 그는
'참으로 대단하다'며 혀를 내둘렀다고 한다. 다시 말해, 사전에
중국은 일본 측에 대해, 다나카 가쿠에이 총리가 좋아하는 것
까지 모두 철저히 조사한 다음에 협상에 임했던 것이다.

상대가 대하기 불편한 사람이라도 어느 정도 예비조사
는 가능하다. 취미, 가족구성, 출신지, 좋아하는 음식…….
그런 것만 알아둬도 대화거리를 만들 수 있다. 상대방이 흥
미를 갖는 화제를 꺼낼 때에도 돌연 "취미가 뭐예요?"라고
묻기보다는 "외국 축구를 좋아하시나 봐요. 얼마 전에도
케이블TV에서 보셨다고." 하고 이야기를 꺼내는 편이 상

대방도 편하게 반응할 수 있게 만든다. 요즘은 페이스북 등 SNS를 통해서 예비지식을 입수할 수 있기 때문에 이를 얼마든지 활용해도 된다.

공통 화제로 대화가 끊이지 않으면 서로 신뢰관계가 생겨난다.

대하기 불편한 상대일수록 상대방을 알려는 노력을 게을리하기 쉽다. 그런데 예비지식 없이 이야기를 시작하면, 이야기를 하는 데 여유가 없어져서 유난히 긴장감이 커진다. 공감할 수 있는 대화에는 적절한 워밍업이 필요하다. 스포츠 선수가 갑작스러운 플레이를 하지 않는 것처럼, 대화에서도 잡담을 하면서 서서히 관계를 개선해가는 것이 가장 바람직하다.

나도 사람들과 만나기 전에는 예비조사를 한다. 그리고 사람들과 만나서 명함을 받았을 때에는 최대한 그 사람의 정보를 명함 뒷면에 적어놓는다.

나는 사회인이 되어서 처음 만난 상사를 싫어하게 되었다고 했는데, 그 뒤 상사에 대해 알수록 그런 마음은 사라졌다.

"아 참, 오늘은 사모님 생신이시죠?"

"뭐? 이와이 씨, 그런 것도 알아?"

상사가 놀라워하던 모습은 지금도 좋은 추억으로 남아 있다. 대하기 불편한 사람과 예비지식을 활용하여 대화만 나누어도 그 상대는 친근감을 느낄 수 있다. 모든 공감에는 워밍업이 필요하다.

일기의 힘

자신의 인간관계 유형을 알기 위해서는 일기를 써보면 효과적이다. 정해진 형식은 없지만, 나는 하루 한 장씩 쓰기를 권한다. 일기에는 날짜 이외에도 두 가지를 적는다. 하나는 '감정적으로 반응한 일'이다. 그리고 다른 하나는 '해낸 일'이다. 각기 '자신의 대응'과 '상대방의 대응'도 잊지 말고 적어두자.

두 가지 모두 짧게라도 구체적인 일화를 적는 것이 포인트다. 일기를 꾸준히 쓰다 보면 나중에 훑어봤을 때 자신의 유형이 보인다. 또 인간관계의 어디에 문제가 있는지도 알게 될 것이다.

다만, 이때 지나친 반성은 금물이다. 반성을 하면, 기분이 가라앉는다. 그렇기 때문에 '해낸 일'에 초점을 맞춰서 적극적으로 자신을 칭찬한다. 제2장에서 타인을 칭찬하는 행위는 조종으로 이어지는 문제가 발생한다고 하였다. 하지만 자신을 칭찬해서 조종한다면 아무런 문제가 되지 않는다. 자신을 더 칭찬해도 상관없다. "굉장해. 해냈구나. 잘했어."라고 자신을 올바르게 칭찬하면 자기 칭찬 능력이 몸에 배기 때문에 타인의 칭찬에는 기대지 않게 된다.

그리고 자신에게 용기를 줄 수 있게 되면 타인에게도 용기를 줄 수 있다.

일기를 쓰는 데 중요한 것은 역시 꾸준함이다. 그런데 어떤 날은 감정적으로 반응한 일이 도저히 생각이 안 날 때도 있다. 그렇다고 쓰지 않으면 일기를 쓰는 습관이 끊기기 때문에 '해낸 일'만이라도 쓰도록 유념하자.

나는 중학생 때부터 일기를 써왔고, 기업에 근무할 때에는 'My performance'라는 제목으로 나 자신이 해낸 일, 한 일을 기록하였다. 그것을 읽고 스스로를 고무시켜서 칭찬하였다.

　그리고 지금은 매일 아침 블로그를 쓰고 있다. 꾸준히 기록하면 자신의 성장 기록도 알게 되고 만족감도 얻을 수 있다. 매일 아침에 하는 양치질처럼 단 몇 분이라도 습관이 되게끔 노력해보자.

사이좋은 척만 해도 된다

아들러는 시사하는 바가 많은 여러 말들을 남겼지만, 내가
가장 좋아하는 글을 하나 소개하겠다.

"누군가가 시작하지 않으면 안 된다. 다른 사람이 협
력적이지 않더라도, 그것은 당신과 관계가 없다. 내 조
언은 이렇다. 당신부터 시작해야 한다. 다른 사람이 협
력적이든, 그렇지 않든 상관하지 말고."

상대방이 변하기를 기다려도 괴로움은 계속될 뿐이다.
인간관계를 바꾸려면 자신이 먼저 시작해야 한다. 사람은

목표를 가지고 살아간다고 주장하는 아들러 심리학에서는
타인을 싫다고 여기는 사람은 '자신이 먼저 굳이 싫어하려
고 해서 싫어하고 있다.'라고 말한다. 역으로 말하면, '자신
이 상대방과 관계를 호전시키고 싶으면, 호전시킬 수 있다'
는 사실을 가르쳐준다.

　간혹 상담자 중에는 부부사이가 나빠진 커플들도 있다.
부부 간에 거의 대화가 없다, 대화를 하면 거의 싸움이 된
다, 아이들도 집을 꺼리게 되는 가족 붕괴 직전……. 그런
부부에게 나는 이렇게 조언한다.
　"지금은 사이가 안 좋더라도 신혼 때는 사이가 좋았지
요?"
　"네."
　"그때는 어떠셨는데요?"
　"둘이서 여행도 가고, 즐거웠어요."
　"그러면 그때를 떠올리면서 그때처럼 말하고 행동해보
세요. 마치 사이좋은 부부인 척 말을 건네고, 사이좋은 부
부인 척 식사를 하고, 사이좋은 부부인 척 대화를 하는 거
죠."

"그렇게 말씀하셔도 어떻게……."

"하지만 당신들은 당시에는 그렇게 하셨잖아요. 이미 했던 일인데, 못할 게 뭐 있겠습니까?"

실제로 사이좋은 부부인 척해 보면, '그때 이랬는데…….', '당신 정말 멋졌었는데…….' 하면서 사이가 좋았던 당시 이미지를 떠올리게 된다. 말과 이미지와 행동은 연동되기 때문에 사이좋은 말투는 사이좋은 이미지를 끌어내고, 이 이미지가 다시 자연스럽게 사이가 좋던 시절의 행동을 유도하게 된다.

상대방을 억지로 좋아하려고
애쓸 필요는 없다

한 여성 회사원이 직장 상사를 싫어했다. 상사는 좋게 말하면 담대한 성격이고, 나쁘게 말하면 술버릇이 나빠서 가끔 성희롱 발언을 하기 때문에 도저히 좋아할 수 없었다. 상사는 가끔 부하직원들과 회식을 가곤 했는데, 그녀는 항상 거절하였다. 그래도 남성 동료 직원들은 상사를 따랐던 듯싶다. 그 때문인지, 같은 팀 내에서 그녀만 고립되는 분위기가 형성되었다.

상사는 업무 수완이 뛰어나서 사내에서는 평가가 좋았다. 실제로 그 상사가 지도한 부하직원은 우수한 능력을 발휘하여 중요한 프로젝트를 맡게 되었다. 사내에서는 '좋은 상사'로 통하는 인물이지만, 그래도 그녀는 받아들이지 못했다.

어쩌면 당신의 상사도 그런 타입일 수 있다. 만약 직장에서 '나만 혼자 싫어하는 사람'이 있으면 다음 두 가지를 실행해보자.

1. 자신의 가치관이 절대적이지 않다는 것을 인정한다

아무리 자신은 상대방이 싫더라도 그를 존경하는 사람은 존재한다. 우선 그 사실을 인정하자. 그 사람을 좋아하도록 노력하라는 것이 아니다. 상대방을 억지로 좋아하려고 애쓰지 않아도 된다. 다만, '나만 싫어할 뿐이지, 모두 그렇지는 않다'고 인정하면 된다. 그러면 자신의 가치관은 지키면서도 그것을 절대적인 것으로 여기지 않고, 상대를 객관적으로 바라볼 수 있다.

2. 그 사람의 자원을 인정하고 활용한다

싫은 상대에게도 자원(지식이나 경험, 기술, 돈, 정보 등)이 있다. 그 자원들을 인정할 줄 알아야 한다. 직장에서는 상대방의 인격이 아니라, 그와 분리해서 상대방이 지닌 자원을 중시할 줄 알아야 한다. 즉, 이용할 수 있는 자원은 이용한다는 발상을 지니는 것이다.

예를 들면, 프레젠테이션을 잘하는 상사에게 프레젠테이션 요령을 배운다거나(하지만 인격까지 인정하지는 않는다) 결재권이 있는 사람에게 기획을 통과시키게 한다(하지만 인격까지는 인정하지 않는다)는 식으로 상대방의 자원에 주목해서 관계를 맺는 것이다.

싫은 상대를 전면 부정할 필요는 없다. 긍정할 수 있는 요소는 긍정하고, 부정할 요소는 부정한다. 그리고 상대방의 긍정할 수 있는 요소하고만 관계를 맺으면 된다. 이처럼 상대방을 부분적으로 인정하려면 관용 정신이 필수불가결하다. 일방적으로 상대방을 자신의 잣대로 재지 않고, 상대방의 의견은 어디까지나 의견으로 인정한다는 의미다. 찬성은 안 하지만, 상대방의 의견에 귀를 기울인다. 그러한 자세로 사람들을 대하면 인간관계에서 겪는 괴로움도 줄어들게 된다.

상대방의 눈으로 보고,
상대방의 귀로 듣고,
상대방의 마음으로 느껴라

우리가 타인을 평가할 때에는 '가점주의'와 '감점주의'라는 두 가지 방향이 있다. 가점주의는 '0부터 얼마나 쌓아올릴 수 있는가'라는 발상으로 상대방을 본다. 한편, 감점주의는 '이상적인 100점 만점에서 얼마나 점수가 깎이는가'라는 시점으로 상대방을 본다.

인간관계가 원만하지 못한 이유 중 하나가 감점주의다. 일방적으로 이상적인 상대방의 모습을 상정해서 거기에 반하는 행위를 감점해간다.

"목소리가 높아서 싫어."

"밥을 한턱도 안 내서 싫어."

"문자에 답이 늦어서 싫어."

이런 식으로 감점을 해나가면 순식간에 '상대방이 싫다' 는 의식이 자리 잡는다. 사람과 잘 어울리려면 반드시 가점 주의 발상이 필요하다. 가점주의 발상을 가지려면 기본적 으로 다음 세 가지 요소가 필요하다.

1. 공감한다

공감이란, 상대방의 눈으로 보고, 상대방의 귀로 듣고, 상대 방의 마음으로 느끼는 것이다. 예를 들면, 우리 아이들이 아 직 어렸을 때, 공원에 데리고 간 적이 있었다. 그때 나는 속 으로 한 가지 결심을 했다.

"여기서는 자꾸 잔소리하지 말고, 아이의 눈으로 보고, 아이 의 귀로 듣고, 아이의 마음으로 느끼자."

아이들은 아주 변덕스럽다. 나비를 쫓는가 싶으면, 어느새 낙엽을 이불 삼아서 이리저리 뒹굴거린다. 어른 시점에서 "뛰어다니지 마라!", "옷 더러워지니까 뒹굴지 마라!"라는 말을 하는 대신 나는 아이들 감성에 맞추었다. 아이 옆에 나 란히 누워서 물어보았다.

"지금 뭐하니?"

"지금 나뭇잎 융단에 누워 있어요."

나는 '아하!' 하고 감탄했다. 그리고 하늘을 올려다보자, 구름이 위에서 아래로 바람에 흘러가고 있었다. 마치 융단을 타고 하늘을 나는 듯이 떠 있는 느낌이었다. 나는 아이에게 공감함으로써 아이의 감성에 감동하였다.

2. 미래지향적이 된다

상대방에게 일방적으로 자신의 이상을 강요하기 때문에 '해내지 못하는 사실'을 용서하지 못하곤 한다. 특히 이런 경우는 부부사이에 흔히 발생하곤 한다.

'모두 잘하는데, 왜 못할까?'

'이렇게 쉬운 것도 못하다니!'

그래서는 미래를 향해 나아가지 못한다. 사람은 각자 목표를 가지고 살아간다. 그리고 직장에서는 공통된 목표를 가지고 일을 한다. 지금을 출발점으로 미래의 공통 목표에 시선을 돌리면, 상대방이 '해낸 일'을 인정하고 평가할 수 있다.

'얼마나 갔는가, 너무 빠르지 않는가, 늦지 않는가……'를 의식하며 상대방과 같은 속도를 유지하면서 같이 목표를 향하는 것이 가점주의적인 인간관계의 모습이다. 상대방과 같이 풀 마라톤 결승점을 향하는 이미지라고나 할까.

3. 과정을 중시한다

결과가 아니라, 과정을 중시하면, 쌓아올린 실적을 하나하나 인정할 수 있다.

"여기까지 했어."

"여기까지 노력했어."

"잘했어."

그렇게 계속 말을 건네면 상대방과 함께 배우고, 함께 기뻐하는 공생관계가 자라게 된다.

아들러는 "개인은 단지 사회적인, 인간관계적인 문맥에서만 개인이 된다."라고 말하였다. 개인은 고립해서 존재하는 것이 아니라, 동료들과 함께 있다는 의미다. 즉, 가점주의는 아들러가 중시한, '동료' 의식을 갖는 일과도 상통한다.

인간관계의
선순환 사이클

이 책에서는 "자신을 바꾸는 것이 인간관계를 바꾸는 것"이라는 말을 반복하고 있다. 마지막으로 바람직한 인간관계를 위해 무엇이 중요한지 알아보자.

우선 인간관계의 바탕에는 '존경'과 '신뢰'가 있다. 상대방을 존경하고, 신뢰함으로써 더 나은 미래를 위해 행동한다. 그리고 상대방에게 '공감'하는 것을 잊어서는 안 된다. 거듭 반복하지만, 공감은 상대방의 눈으로 보고, 상대방의 귀로 듣고, 상대방의 마음으로 느끼는 것이다. 그리고 서로 다른 가치관의 차이를 인정한 다음, 공통 목표를 향해서 '협력'관계를 만들어간다. 그러려면 자신의 잣대가 아니라,

상대방의 사고와 관점을 존중하기 위한 '관용'이 필수불가결하다.

만약 인간관계에 문제가 생기면 '존경', '신뢰', '공감', '협력', '관용'의 다섯 가지 포인트에서 스스로 점검해보자.

'존경에서 결여된 점은 없을까?'

'정말 나는 상대방에게 공감하고 있었을까?'

'상대방과 서로 협력하지 않고, 서로 부딪치는 관계가 되어 있지는 않았나?'

늘 그 점을 확인하면 무엇을 어떻게 할지 저절로 보이게 된다. '존경', '신뢰', '공감', '협력', '관용' 이 다섯 가지를 지키는 일이 바람직한 인간관계 사이클을 만들어가는 최고의 방법이다.

"자신을 바꾸는 것이 인간관계를 바꾸는 것."

톨스토이의 『안나 카레니나』는 다음과 같은 문장으로 시작한다.

"행복한 가정은 모두 비슷비슷하지만, 불행한 가정은 모두 서로 다른 형태를 띠고 있다."

나는 톨스토이의 이 말을 다음과 같이 받아들이고 있다.

"행복하게 사는 가정의 삶은 단순하지만, 불행해지는 삶을 사는 가정은 굳이 사물을 복잡하게 받아들이고,

그 결과로 불행을 초래한다."

이 말은 인간관계에서도 적용된다.

"인간관계를 단순하게 보고 협력할 수 있으면 행복이 찾아온다. 하지만 엉킨 실타래처럼 복잡하게 만들면 사람들은 악행 정도를 서로 비난하고, 협력이 곤란한 불행한 삶을 선택하게 된다."

아들러 심리학을 바탕으로 한 이 책에서 저자인 나는 단순하고 건설적인 인간관계 방법을 제안하였다. 모두 읽어보고 어땠는가? 내가 이 책의 독자들에게 바라는 것은 오로지 '일상생활에서 활용하고 습관화하는 것'이다. 여하튼 아들러 심리학은 '실천에 활용하는 심리학'이다. 그리고 자기 자신에게 활용할 뿐 아니라, 다른 사람들에게도 도움이 되게 해주기를 바라는 마음을 담고 있다.

이 책을 출판하는 데 있어 도움을 주신 다음 분들에게 감사의 말을 전하고자 한다.

다이와쇼보[大和書房] 편집부의 다카하시 치하루[高橋千春] 씨는 출판을 제안해준 단계부터 출판에 이르기까지 실로 세심하게 대응해주었다. 다카하시 씨에게 우선 감사의 말을 전한다. 다음으로 와타나베 넨다이[渡稔大] 씨는 내 조잡한 문장을 깔끔한 문장으로 구성하고 편집해주었다. 세 번째로 내가 지난 30년 동안 만난 수강생, 상담자분들에게 감사의 말을 전한다. 그분들이 없었다면, 내가 실습할 곳이 없었을 테니까. 마지막으로 끝까지 읽어준 여러분에게 감사한다. 이제는 여러분이 실천에 옮기기만 하면 된다.

"내가 이 책의 독자들에게 바라는 것은 오로지 '일상생활에서 활용하고 습관화하는 것'이다."

옮긴이 김윤수
동덕여자대학교 일어일문학과, 이화여자대학교 통역번역대학원을 졸업하였다. 옮긴 책으로는
『부자의 그릇』, 『왜 나는 영업부터 배웠는가』, 『왜 나는 기회에 집중하는가』, 『영업의 가시화』,
『경영의 가시화』, 『3의 마법』, 『너를 위한 해피엔딩』, 『한밤중의 베이커리』 등이 있다.

매일매일 상처받는 당신을 위한 아들러의 감정수업

나는 더 이상 착하게만 살지 않기로 했다

초판 1쇄 인쇄 2015년 8월 25일
초판 1쇄 발행 2015년 8월 27일

지은이 이와이 도시노리
옮긴이 김윤수
펴낸이 김선식

경영총괄 김은영
마케팅총괄 최창규
책임편집 김선준 **크로스 교정** 이호빈 **책임마케터** 이주화
콘텐츠개발4팀장 김선준 **콘텐츠개발4팀** 황정민, 변민아, 이호빈, 임보윤
마케팅본부 이주화, 이상혁, 최혜령, 박현미, 이소연
경영관리팀 송현주, 권송이, 윤이경, 임해랑

펴낸곳 다산북스 **출판등록** 2005년 12월 23일 제313-2005-00277호
주소 경기도 파주시 회동길 37-14 3, 4층
전화 02-702-1724(기획편집) 02-6217-1726(마케팅) 02-704-1724(경영지원)
팩스 02-703-2219 **이메일** dasanbooks@dasanbooks.com
홈페이지 www.dasanbooks.com **블로그** blog.naver.com/dasan_books
종이 한솔피엔에스 **출력 · 제본** 갑우문화사 **후가공** 이지앤비 특허 제10-1081185호

ISBN 979-11-306-0610-1 (03190)

다산북스(DASANBOOKS)는 독자 여러분의 책에 관한 아이디어와 원고 투고를 기쁜 마음으로 기다리고 있습니다.
책 출간을 원하는 아이디어가 있으신 분은 이메일 dasanbooks@dasanbooks.com 또는 다산북스 홈페이지 '투고원고'란으로
간단한 개요와 취지, 연락처 등을 보내주세요. 머뭇거리지 말고 문을 두드리세요.